ちくま新書

教養としての能楽

中村雅之
Nakamura Masayuki

1690

教養としての能楽史【目次】

はじめに

能の入門書は数多くあるが、およそ七百年にわたる歴史を通観した本は少ない。

しかし、歴史を知らずして、能の本質を理解することはできない。能に限らず伝統芸能の本質は、歴史の積み重ねのなかで育《はぐく》まれてきた。逆に、歴史をたどると、その芸能の本質が見えてくる。

幅広い人たちに、能の歴史を通じ、その本質を理解してもらおう、と本書を執筆した。本書は、堅苦しい専門書ではなく、教養書として楽しく読んでもらえるよう、歴史を知る上で重要で、かつ興味を惹くような出来事に焦点を当て構成した。

古い時代ほど残された史料は少ない。とくに、政治・経済と違って芸能に関する史料は限られている。これは、空想の入る余地が多くなるということで、その結果、「歴史」ではなく「物語」を語ることにもなりかねない。読者は、「物語」を「歴史」と思い込んでしまう場合もある。これは、能の歴史、そして本質を正しく理解してもらう上で、危険でさえある。本書では、できる限り史料を吟味して、解釈は飛躍せず抑制的に、歴史書としての基本を守ることを心がけた。

今に伝わる能は、南北朝時代頃から「猿楽《さるがく》」と呼ばれた芸能の役者たちが演じ始めたものだ。畿内各地にいくつもあった猿楽の座は、寺社で、神事芸能の「翁《おきな》」を演じることを生業としていた。その余芸として生まれたのが能だった。今では考えられないことだが、騎馬武者が馬に乗り、馬場を疾走して切り合いを見せるという劇的な「具足能《ぐそく》」もあった。

室町時代に入ると、三代将軍・足利義満《あしかがよしみつ》は、猿楽の役者だった美少年・世阿弥《ぜあみ》に入れあげて世間の顰蹙を買う。しかし、これこそ、能が芸術的な芸能に飛躍し、後世まで残ることになったきっかけだった。世阿弥は、名著『風姿花伝《ふうしかでん》』をはじめとした芸論を残し、後の世に大きな影響を与えることになる。

実は、この頃まで、能には、世阿弥たちの「猿楽の能」だけではなく、もう一つの芸系があった。かつて、都を熱狂の渦に巻き込んだ「田楽《でんがく》の能」だ。しかし、やがて「田楽の能」は衰退し、消えてしまう。

桃山時代には、太閤・秀吉が、晩年になって、「狂った」と言ってもよいほど能に熱中した。稽古を始めたばかりであるにもかかわらず、御所に押しかけて天皇の前で演じたり、自らの業績を讃えるような曲を続々と作らせたりして悦に入る。秀吉らしい破天荒さだった。

能は時代によって、同じ曲でも上演時間が違った。これは、演じる早さが違ったからだ。桃山時代の能の速度は、今よりも、もっと早かった。これなら眠くなることもなかったことだろう。

江戸幕府が開かれると、能は儀式に欠くことができない「式楽《しきがく》」となると同時に、将軍・大名たちの娯楽として最盛期を迎える。

歴代の将軍のなかでも、能に過剰な熱を上げたのは、五代・綱吉。滅多に出ない曲を次々と演じさせ、あげくの果てには能役者を意に沿わせるために士分に取り立て傍に置き……勝手きままの振る舞いに周りはクタクタ。後を継いだ六代・家宣《いえのぶ》は、能役者だった間《ま》部《な べ》詮房《あきふさ》を側用人とし、瞬く間に五万石の大名にまで出世させた。幕末の日本を開港に導いた剛腕の大老・井伊直弼《いいなおすけ》は、意外な一面を持っていた。自ら能・狂言を作っていたのだ。

稀なことだが、庶民も、能を見ることがあった。糞尿が残るほど滅茶苦茶だった町人たちの江戸城での能見物「町入能《まちいりのう》」。五千人が入り、飲み食いしながら能を見物することができた能の興業場が、江戸市中に忽然と出現することもあった。「勧進能《かんじんのう》」と言われる大興行だ。

しかし江戸幕府の崩壊とともに、能は存亡の危機を迎える。その危機から抜け出る契機となったのが、明治天皇による「天覧」だった。能と歌舞伎の天覧を巡り、旧公家・大名と成り上がりの元勲《げんくん》が、競い合い、時には暗躍することもあった。

明治の末になると、経済的に苦しくなった旧大名家は、能面を手放した。欧米の美術館に収蔵されている能面のなかには、こうやって流出したと思われる能面もある。現存最古とされる「翁面」も海外の美術館にあるのだ。

明治以降、謡・仕舞の稽古人口は増え、気軽に新作能が作られるようになる。そのなかには、時代を反映したユニークなものも多かった。

能は時代の荒波を何度も乗り越えてきた。そのなかでも大きな事件が、昭和初期の軍部の台頭のなかで起こった皇室に関する能の廃曲と差しさわりある個所の謡本の改訂だ。

従来から能を見ているという人だけでなく、能には興味はないが、歴史には興味がある、という人にも、本書を手に取ってもらえれば幸いだ。

第一章

能の成立と世阿弥

奈良薪能絵巻（永青文庫所蔵）

1 すべては〈翁〉からはじまる

†「能にして能にあらず」

数ある能のなかで、ただ一曲だけ、「能にして能にあらず」と言われる曲がある。

それは〈翁《おきな》〉だ。

なぜ、「能にあらず」と言われるかといえば、「能」というのは劇的な芸能を指す言葉だが、〈翁〉には肝心の物語がなく、舞うだけだからだ。

それなのに、なぜ「能にして」という枕詞がつくかといえば、〈翁〉こそが、能の原点とも言える曲だからだ。もし〈翁〉がなければ、能も生まれなかったと言える。

大陸との往来が盛んだった飛鳥《あすか》時代から奈良時代にかけて、中国から「散楽《さんがく》」と呼ばれた曲芸が伝わった。

奈良時代には、「散楽戸《さんがくこ》」という芸人を抱える国の役所もできた。「散楽」のようすは、平安時代に描かれた「信西古楽図《しんぜいこがくず》」にも描かれている。いくつもの剣を手玉に取ったり、火を吹いたり……。大勢の人間を両肩に乗せたりしているものなどは、ほんとうにこんなことができるのか、疑いたくなる。奈良時代の末に「散楽戸」は廃止され、その技は民間へ流出した。

平安時代に入ると、曲芸に加え、秀句《しゆうく》（しゃれ）や物真似、寸劇などを演じる者もあらわれる。

やがて「散楽」は、「猿楽《さるがく》」と呼ばれるようになる。古代には、「駿河《するが》」は「スンガ」と発音されていたが、これがやがて「スルガ」と変化する。これと同じように、散楽は「サンガク」から「サルガク」へと変化し、最終的に「猿楽」の字が当てられたのだろう。

この猿楽の役者たちが、〈翁〉を演じるようになったのは、平安時代末期。僧侶がおこなっていた魔除けの儀式である「呪師走り《しゆしばしり》」から影響を受けてできたと考えられている。平安時代末期から鎌倉時代初期には、大和《やまと》・伊勢《いせ》・丹波《たんば》・摂津《せつつ》・山城《やましろ》など畿内各地に〈翁〉を本芸とする猿楽の座ができた。

†なかば神事

〈翁〉は、「天下泰平」「五穀豊穣」「国土安穏」を祈る神事芸能で、寺社の法会《ほうえ》・祭礼の際に演じられた。

古くは、他の役もあったが、いまは、千歳《せんざい》（観世・宝生流ではシテ方、他の流儀では狂言方の面箱持《めんばこもち》が兼ねる）、翁（シテ方）、三番《さんば》叟《そう》（狂言方）の三役だけが、順番に舞う。囃子《はやし》は、笛・小鼓三丁・大鼓という特殊な編成だ。

そこかしこに、神事的な特殊性が見られる。

最近は簡略化されたが、かつて「翁」を演じる役者は、神事に臨む神職と同じように別《べっ》火《か》潔斎をしていた。当日も、揚げ幕の内側、舞台への出口となる「鏡の間」には、翁の面（白式尉《はくしきじょう》）と三番叟の面（黒式尉《こくしきじょう》）と鈴が入った面箱を祀る神棚が設けられ、米・塩・酒などが供えられる。

始まる前、役者たちは、土器《かわらけ》に注がれた酒を飲み干し、米を口に含み、清めの塩を振る「盃事」をおこなう。それが済むと、邪気を祓《はら》うため「鏡の間」だけでなく、揚げ幕の隙間からも手を出し、火打石で切り火を切る。

それが終わると、やっと揚げ幕が上がる。

面箱を捧げ持った狂言方を先頭に、「翁」を演じる大夫《たゆう》・千歳《せんざい》・三番叟らが一列になって、ゆっくりと進む。面箱が「御神体」で、行列全体が、祭礼の「神輿《しんよ》渡《と》御《ぎょ》」をあらわすともされる。

大夫は、舞台正面で正座し、前方へ向かって手をつき、深々と平伏する。しかし、これは観客に向かってのものではない。春日大社《かすがたいしゃ》「若宮祭」の「松の下式」で、神が降りるとされる「影向の松《ようごう》」の前で〈翁〉が演じられることに由来する。

能舞台が現在のような様式になった桃山時代から江戸時代にかけて、「影向の松」を模して羽目板に松が描かれた。これが舞台の奥にある「鏡板《かがみいた》」だ。いわば神が宿る存在。どうして「鏡板」というのか？　舞台で演じるときは、観客に尻を見せて平伏するわけにはいかない。そこで板に描かれているのは、あくまでも鏡に写った松で、ほんとうの神は、舞台前方（観客側）にいるということにしたのだ。これで観客に尻を向けなくとも、神に拝礼したことになる。みごとな方便だ。

また、〈翁〉の舞の冒頭で唱える「とうとうたらりたらりら、たらりあがりららりとう」という文言も、意味は不明だが、なにか呪術性を感じさせる。

✝巫女と禰宜が……

やがて、〈翁〉を本芸としていた猿楽の座の役者の中で、余芸として物真似・寸劇から発達した芸能を演じる者が現われる。これが「能」だ。それに追随して、豊作を祈る芸能として始まった田楽の座の役者たちも能を演じるようになっていく。

「能」が初めて詳細な形で史料に登場するのは、南北朝時代の貞和《じょうわ》五年（一三四九）二月十日。この日、春日興福寺のなかにある若宮の祭「若宮祭」がおこなわれていた。例年のとおり、前年十一月におこなわれる予定だったが、ちょうどそのころ花園《はなぞの》法皇が崩御し諒《りょう》闇《あん》となったため、翌年に繰り越され「臨時祭」というかたちとなった。「臨時」ということでだろう、通常は、祭を取り仕切るのは神職だが、巫女《みこ》が代わっておこなう、という異例の進行だった。

このとき、笛・小鼓・太鼓が入り、巫女が「猿楽の能」、下級神職である禰宜《ねぎ》が「田楽の能」を演じた。それぞれの役者から習ったものだろう。

巫女は、一曲が「ノリキヨガトバドノニテ十シユノウタヨミテアルトコロ（則清《のりきよ》が、鳥羽殿で十種の歌詠みてあるところ）」（藝能史研究会編「貞和五年春日臨時祭記」、『日本庶民文化史料集成第二巻』三一書房、一九七四年）。則清とは、御所を守る北面の武士だった佐藤則清（義清《よしきよ》）のこと。出家して高名な歌人・西行《さいぎょう》となった。その則清が、鳥羽法皇の御所で十種の歌を詠んだということだ。

もう一曲は、「イヅミシキブノイタワリヲ、ムラサキシキブノトフライタルコト（和泉式部《いずみしきぶ》の病を、紫式部の訪ふろいたる事）」（「貞和五年春日臨時祭記」）。病に臥せっていた和泉式部のもとを紫式部が病気見舞いに訪れた、というものだ。

禰宜は、一曲が「ムヲカミノテンワウノソノシンカヲツカイニテ、ニンタウヲシサセテ、ビワノハカセレンせウブニアイテ、ビワノサンキヨクヲ日本ニツタエタル事ナリ（村上天皇のその臣下を使いにて、入唐をしさせて、琵琶博士廉昭武《れんしょうぶ》に会いて、琵琶の三曲を日本に伝えたる事なり）」（「貞和五年春日臨時祭記」）。これは、現在でも演じられている〈絃上《げんじょう》〉（玄象）の原型と見られる。

もう一曲は「ハンソクタイシノサルガウニ、フミヤウワウヲトリテアル事（班足太子《はんそくたいし》の猿楽に、普明王《ふみようおう》を捕りてある事）」（「貞和五年春日臨時祭記」）。班足太子は、インドの伝説上の王。邪教を信じ、その教えにしたがい千人の王の首を獲ろうとしたが、九百九十九人目に会った普明王に諭され、悔い改めた、と言われる。

琵琶の話以外は、文章から内容をうかがい知ることはできないが、短くとも劇的であったことだけは推測できる。

†八講猿楽

鎌倉時代末期には、大和を拠点とする猿楽の座のなかでも、「四座」（結崎《ゆうざき》座・円満井《えんまんい》座・外山《とび》座・坂戸《さかど》座。それぞれのちに観世《かんぜ》・金春《こんぱる》・宝生《ほうしょう》・金剛《こんごう》と改称）が有力になっていた。

大和には、春日神社と興福寺《こうふくじ》が一体となった春日興福寺をはじめ、強い政治力と広大な所領をもつ寺社が多かった。四座は、それらの社寺の法会《ほうえ》や祭礼に従事することによって庇護を受けた。

法会や祭礼のなかには、最も重視されたものがふたつあり、大和猿楽四座には、その勤めを果たす義務が課せられていた。

ひとつは多武峰《とうのみね》の「八講《はっこう》猿楽」である。

奈良盆地の南端にある多武峰には、藤原鎌足《ふじわらのかまたり》を祀る社もある神仏習合の妙楽寺《みょうらくじ》があった（明治初期の廃仏毀釈で廃寺となり、現在は談山《たんざん》神社となっている）。鎌足は維摩経《ゆいまぎょう》を重んじ唱えていたといわれ、これを読む仏事を「維摩八講会《はっこうえ》」と称した。毎年、仏事の最中の十月十二日から十五日にかけて猿楽が催されるようになったことからいつしか「八講猿楽」と呼ばれるようになった。

室町時代には、観世と宝生、金春と金剛の組み合わせで、二座ずつが一年おきに交代で出ることになっていた。世阿弥は「申楽談儀《さるがくだんぎ》」のなかで、結崎座の掟として、畿内一円にいたにもかかわらず多武峰の「八講猿楽」に参じなかった場合は、座を追放される、と記している。いかに重視されていたかがわかる。

†「本物の甲冑を付け、刀をもち、馬に乗って舞台に出てきた」

「八講猿楽」には、「多武峰様」、あるいは「多武峰の如く」と記された、ほかでは見られない特殊な演出があった。幾度も火災に遭ったため、多武峰での記録は残っていないが、他で演じられたときの「多武峰様」の史料はある。

正長《しょうちょう》二年（一四二九）五月三日、六代将軍の足利義教《あしかがよしのり》が、将軍の屋敷だった「花の御所」の馬場で、大がかりな野外能を催した。観世・宝生両座の役者の立合《たちあい》（競演）で演じたなかに、「多武峰様」が何曲かあった。

「馬場」であることには意味があった。

将軍と近い貴族の万里小路時房《までのこうじときふさ》は、その日も義教の傍にいた。日記『建内記《けんないき》』には、毎年、「多武峰神事猿楽」でおこなわれていることだとして、「本物の甲冑を付け、刀をもち、馬に乗って舞台に出てきた」と記されている。それ以上の詳しいようすはわからないが、「多武峰様」で演じられた曲が、いずれも「斬組物《きりくみもの》」という、斬りあいが見どころとなる曲であることから、時代劇映画を生で見ているような迫力があったと想像される。

能を見慣れていたはずの醍醐寺座主《だいごじざす》・満済《まんさい》も、桟敷でこれを見物していて、『満済准后《じゅごう》日記』に「驚耳目了《じもくをおどろかせおわんぬ》」（塙保己一編・太田藤四郎補『続群書類従・補遺一　満済准后日記　下』続群書類従完成会、一九八九年）と書き残している。

この「多武峰様」は、人気があったようだ。その後、記録が残っているだけでも、義教は、倭寇《わこう》の取り締まりを求めて来日した明《みん》の使者に見せているし、八代将軍の義政《よしまさ》は、御所や「春日若宮祭」参列のために下向した際に、奈良の宿所で演じさせている。

†元祖・薪能

しかしいつもとは勝手が違う「多武峰様」に、役者は戸惑うこともあったようだ。太鼓方・観世与左衛門国広の伝書には「多武峰などにて、能に馬に乗事有《のることあり》。太鼓などに馬驚くにハいかゞ打べきぞや」（表章「多武峰の猿楽」、『大和猿楽史参究』岩波書店、二〇〇五年）と、「多武峰様」で打つときの心構えを問う記述がある。

もうひとつの重要なものに、平安時代に始まったとされる春日興福寺の「薪猿楽《たきぎさるがく》」「春日若宮祭」があった（総称して「南都両神事《なんとりょうしんじ》」という）。

「薪猿楽」は、二月に、その年の天下泰平・五穀豊穣・国土安穏を祈る「修二会《しゅにえ》」の一環として催されていた。「修二会」とは、興福寺をはじめとする奈良七大寺から始まり、各地に広がった法会だ。なかでも東大寺のそれは「お水取り」として知られる。

やがて、「薪猿楽」は、「修二会」と切り離され、僧侶の娯楽を目的とした行事としての色彩が濃くなる。それまで幾度かの変遷をたどったが、室町時代中期には日程や形式も定まる。

①二月五日に春日大宮前で〈翁〉の原型ともされる「呪師走り《じゅしはしり》」

②六日から七日間は興福寺南大門前で「薪能」

がおこなわれる。また、「薪能」の期間中に並行して、

③八日から四日間は春日若宮の社殿で「御社上りの能《みやしろあがりののう》」

④十日前後の二日は「別当坊猿楽《べっとうぼうさるがく》」

が、それぞれ催された。なお「別当坊」とは、興福寺の最高職である別当の塔頭《たっちゅう》のこと。猿楽はそこで催された。

「呪師走り」は四座の翁役者の立合（競演）だった。その他の日も、四座は期間中の毎日、必ず「薪能」「御社上りの能」のいずれかで能を演じた。そのかわり四座には、春日興福寺から米や銭が与えられた。

時代はずれるが、江戸時代中期、正徳《しようとく》五年（一七一五）に描かれた「南都興福寺南大門薪御能之絵図」を見ると、おおよそのようすがわかる。

南大門の石段下を舞台として、地面に置いた焚火を明かりとして演じている。元来「修二会」は、聖なる火で穢《けが》れを払うもので、「薪猿楽」には、この火が使われた。舞台を取り囲むように、南大門の前の石段の上や左右に、見物の僧侶が詰めかけている。

「若宮祭」は、春日神社の境内にある「若宮」の十一月におこなわれる祭礼だ。二十七日に、境内の「影向の松」の前で催される「松の下式」では、金春・金剛座が「弓矢ノ立合」、観世・宝生座が「船ノ立合」などを演じた。いずれも〈翁〉の特別な演じかただ。二十八日には、「後宴能」で、四座が十曲程度を演じた。

✝台頭する能役者

猿楽の座は、長老である「長《おさ》」を頂点とする翁役者《おきなやくしや》たちを上部として、その下に「大夫」を中心として能役者《のうやくしゃ》たちがいるという二重構造になっていた。

座全体は、「長」が率いており、「長」たちが、〈翁〉を演じてからでなければ、能を演じることはできなかった。これは、〈翁〉が本芸で、これを演じることによって寺社から庇護されていたからだ。

ところが、観阿弥《かんあみ》・世阿弥《ぜあみ》が登場するころから能の人気が高まり、〈翁〉を演じなくても、能が演じられるようになっていた。

永和《えいわ》元年(一三七五)六月には、東山の新熊野《いまくまの》神社で催された「今熊野猿楽」で、三代将軍足利義満《よしみつ》の許しを得た観阿弥が、能役者として初めて〈翁〉を演じた。これをきっかけに、相対的に翁役者の地位は低下し、座の名前も大夫にちなんだ観世・金春座・宝生・金剛で呼ばれるようになってゆく。

しかし「八講猿楽」「南都両神事」だけは、以前のままだった。それぞれに座の「長」をはじめとする翁役者が〈翁〉、能役者は能・狂言だけを演じた。翁役者の活躍の場は、このときだけで、ふだんは能役者と行動をともにはしていなかった。

†維新で消えた翁役者

室町時代後期、多武峰は戦乱で炎上し、「八講猿楽」は途絶えてしまった。興福寺の力も衰え、「南都両神事」に四座が揃うことは、ほとんどなくなった。

江戸時代に入ると、幕府の裁定で、「南都両神事」には、正月の江戸城の「謡初《うたいぞめ》」に出る観世座を除いた三座のうち二座が交代で参じるようになった。〈翁〉も、「長」に代わり「権守《ごんのかみ》」に率いられた半玄人《はんくろうと》の「年預《ねんよ》」が担うようになる。

明治維新後の「神仏分離令」で、「若宮祭」は春日神社の祭礼となり、「翁」も含め金春流だけで演じるようになる。「廃仏毀釈《はいぶつきしやく》」で、興福寺の衰退は決定的になり、「薪猿楽」は途絶える。その後は、断続的に催されることもあったが、恒常的に復活したのは戦後。

「薪御能」として、形を変えながらも四座の流れを汲む四流が顔を揃える。

昭和二十五年（一九五〇）に観光行事として始まった「京都薪能」が話題となり、その後、全国で同様の催しがおこなわれるようになった。

「薪猿楽」は、千年あまりの時を経て「薪能」となり、神事ではなくイベントとなった。

2 「もうひとつの能」

†田楽——豊作への祈りから

前述したように、かつて、「能」といわれる芸能は、二つあった。世阿弥は、猿楽の能の役者。現在、演じられている能は、この猿楽の能の芸系にある。「もうひとつの能」は、田楽《でんがく》の役者たちが演じていた能だ。田楽の能は、世阿弥があらわれるまでは、猿楽をしのぐほどの人気だった。

田楽は、豊作への祈りから始まった芸能。「すりささら」（棒に刻み目を入れ、先を裂いた竹で擦って音を出す楽器）や笛・腰鼓《ようこ》に合わせ、田植え歌が歌われた。

初期のころの田楽のようすが、具体的にわかる史料がある。

平安時代中期の歴史物語『栄花物語《えいがものがたり》』の「御裳著《おんもぎ》」の巻によると、治安《じあん》三年（一〇二三）五月には、藤原氏の全盛を築いた御堂関白道長《みどうかんぱくみちなが》が、後一条天皇の母である娘の彰子《しょうし》のために、屋敷の築地塀を壊させ、百姓の女たち五、六十人が田植えをするようすを見物させた。このころ、貴族のあいだでは、河原左大臣《かわらのさだいじん》とよばれた源　融《みなもとのとおる》が浜辺の塩焼きの風景を屋敷の庭に再現させたように、田舎の侘びた風景を愛でることが流行していた。
このときの田楽について、『栄花物語』にはこう記されている。

田楽といひて、怪しきやうなる鼓腰に結ひつけて笛吹き、ささらといふ物突き、さま〴〵の舞して、あやしの男《おのこ》ども歌うたひ、心地よげに誇りて、十人ばかりゆく。そが中にもこの田鼓といふ物は、例の鼓にも似ぬ音して、ごぼ〳〵とぞ鳴らしゆくめる（松村博司校註『栄花物語』朝日新聞社、一九五八年）

その後、田楽は、単なる田植えの一部から、曲芸が加わることによって芸の幅が生まれ、単独の芸能へと発展してゆく。

†永長の大流行

嘉保《かほう》三年（一〇九六）の夏には、田楽の大流行が、京の町を包みこんだ。このできごとは、年末に「永長《えいちょう》」に改元されたことから「永長の大田楽」と呼ばれている。

貴族で学者の大江匡房《おおえのまさふさ》がこのようすを記録した『洛陽田楽記《らくようでんがくき》』では、まわりの村から始まった田楽の流行は都にも及んだとしたうえで、

日夜絶ゆること無し。喧嘩《けんそう》の甚だしき、よく人耳を驚かす。諸坊・諸司・諸衛《しょえい》、おのおの一部をなし、あるいは諸寺に詣で、あるいは街衢《がいく》に満つ。一城（都全体）の人、みな狂へるが如し。（林屋辰三郎校註「洛陽田楽記」、『古代中世芸術論』岩波書店、一九七三年）

とあり、昼夜の別もなく、上下を問わず、都全体が熱狂の渦のなかにあったことがうかがえる。

白河《しらかわ》上皇の近臣だった藤原宗忠《むねただ》の日記『中右記《ちゆうゆう》』には、貴族たちが、田楽に興じるようすが、克明に記されている。

上皇の命で、近臣たちによって組織された田楽の一団は、きらびやかな衣装をまとい、腰鼓・振鼓《ふりつづみ》・銅拍子《どびようし》・編木《びんざさら》（小板を連ねた楽器）などを鳴らしながら踊り狂った。このなかには、宗忠自身も加わっている。

七月十二日に上皇、翌日には堀河《ほりかわ》天皇の御所で演じた。

一団のなかには、どこで習い覚えたのか、猿楽の芸人が演じていた「一足・二足」といった曲芸を演じる者もいた。田楽と猿楽の芸は混在して演じられていたのだ。

✝田楽法師と『太平記』

やがて、田楽に、これを生業とする芸人があらわれる。

源師時《みなもとのもろとき》の日記『長秋記《ちょうしゅうき》』の大治《だいじ》四年(一一二九)五月十日条によると、白河上皇の近臣で、「永長の大田楽」にも加わった藤原長実《ながざね》の屋敷で「田植え」が催された。懸鼓《けんこ》・すりささら・笛が囃され、あでやかな衣装をまとった「種女」二十人が、にぎやかに種蒔きを見せた。猿楽の芸人のほか、僧侶にして田楽を演じる「田楽法師」も加わったと記されている。

「田楽法師」は、一本の棒につかまり、足場に乗ってピョンピョン飛び跳ねる「高足」という芸を見せていた。豆腐やコンニャクを串に刺した田楽は、この「田楽法師」の姿に似ていることから付いた名前だ。

「田楽法師」は、猿楽に先んじて座を作り、神社の祭礼をまわり演じていた。

鎌倉時代に入っても、田楽の人気はとどまるところを知らなかった。『太平記《たいへいき》』巻第五には、「またその頃、洛中に、田楽をもてあそぶ事さかんにして、貴賤こぞってこれに着せり」（山下宏明校註『新潮日本古典集成　太平記一』新潮社、一九七七年）と、その盛り上がりぶりを伝えている。

実質的に鎌倉幕府の最後の執権となる北条高時《ほうじょうたかとき》は、京都・白河を本拠地とした本座と奈良の新座を鎌倉まで呼び寄せた。それぞれ有力な大名に預けられた「田楽法師」は、きらびやかに着飾り、酒宴で、舞を競った。舞い終わると、大名たちは、われ先にと直垂《ひたたれ》や大口《おおぐち》を脱いで、褒美として投げ、それが山のように積み重なったと記されている。

さらに、高時が、酔いに任せて舞っていると、どこからともなく「田楽法師」があらわれ、おもしろい舞を舞ったが、じつは正体は妖怪だった、という奇怪な話が続く。これは動乱の末に国が滅亡する兆しである、とも『太平記』は記している。もちろんこれは、『平家物語』にもみられる、仏教的な「因果応報論」にもとづく誇張だが、鎌倉時代の末に、いかに田楽が流行していたかがわかる。

†桟敷崩れの大惨事

南北朝時代になっても、田楽の人気は衰えを知らなかった。貞和五年（一三四九）、それを示す象徴的な事件が起こる。

『太平記』巻第二十七によると、六月十一日、ある僧侶が、京都の鴨川に橋を架ける資金を集めるため、四条河原《しじょうがわら》で、新座と本座が競う「勧進田楽《かんじんでんがく》」を計画した。稀に見る催しだったので、公家は門跡《もんぜき》や大臣、武家は将軍足利尊氏《たかうじ》をはじめとして、来なかったのは天皇くらいとされたほどで、貴賤を問わず大勢の見物人が押し寄せた。貴人たちが乗ってきた牛車を停める場所がなくなり争いも起こった。

太い角材を組み上げ、長さ八十三間（約一五〇メートル）にも及ぶ桟敷《さじき》が三重、四重に設けられていた。「幔幕《まんまく》風に飛揚して、薫香《くんこう》天に散満す」（山下宏明校註『新潮日本古典集成 太平記四』新潮社、一九八五年）という優雅なものだった。調度が置かれ、茶も点《た》てられた。

東西の楽屋から華やかに着飾った役者たちが登場した後、名手たちが、びんざさらや小鼓を鮮やかに演奏し、刀を手玉に取り宙に舞わせる「刀玉《かたなたま》」を演じて見せた。それは「おのおの神変の堪能《かんのう》なれば、見物耳目を驚かす」（同前書）と神業のようだったと記されている。

この華やかな雰囲気が、突如として一変する。
八、九歳の少年が、面を付け、比叡山の日吉《ひえ》神社の神（山王権現《さんのうごんげん》）のお使いとされる猿

（神猿《まさる》）に扮して飛びまわると、見物人が興奮しはじめた。続いて美しい女役者があらわれると、一目見ようと見物客がいっせいに移動し、桟敷を支えていた柱が一気に傾き、人が雪崩を打って崩れてしまった。

見物人は将棋倒しになり、腰を折る者、手足を切る者、抜けた刀に刺される者……。さながら地獄絵図の様相で、無数の死傷者が出た。混乱に乗じて盗みをはたらく不届き者もあらわれた。刀を奪おうとして逆に斬られる者、装束を取った盗人を鬼の面を付けたまま追いかけまわす役者もいた。この大惨事は、世阿弥も『申楽談儀』のなかで、「桟敷崩れの田楽」として記している。

†歴史のなかに消えた田楽

猿楽よりも後に能を演じるようになった田楽だが、人気は、それを超えていた。観阿弥・世阿弥の親子が登場し猿楽が台頭してからも、依然として田楽の力は衰えなかった。音曲の達人だった新座の喜阿弥《きあみ》は、観阿弥・世阿弥同様に義満の庇護を受けた。

競い合うこととなった「猿楽の能」と「田楽の能」だったが芸質の差はそれほどなく、出自の違いといってよいほどだった。お互い影響を与え合う関係でもあった。

世阿弥の『申楽談儀』には、「桟敷崩れの田楽」では、本座の一忠《いっちゅう》と新座の花夜叉《はなやしゃ》が、〈恋の立合〉という曲で競った、と記されている（「立合」とは、同じ曲を二人の役者が舞い優劣を競う芸）。世阿弥は、猿楽の役者である父の観阿弥や犬王《いぬおう》と並べて、一忠や喜阿弥といった田楽の役者も「当道《とうどう》（能）の先祖といふべし」（表章・加藤周一校註『世阿弥　禅竹』岩波書店、一九七四年）と記し、とくに一忠は観阿弥も一目置くほどで、「我が風体の師也」（『世阿弥禅竹』）と仰ぐほどだったとしている。一忠の芸を見ることがなかった世阿弥だったが、「婆娑羅《バサラ》大名」といわれた趣味人の佐々木道誉《ささきどうよ》からその評価を聞き、『三道《さんどう》』のなかで「三体相応の達人」（『世阿弥　禅竹』）と歎賞するのだった。

しかし、室町時代後期になると、猿楽が田楽を圧倒する。猿楽の座が数多くあったのにたいし、田楽は本座・新座の二座だけだった。競い合って魅力的な新しい芸を生み出す活力がなく、マンネリ化したのが衰退の原因と考えられる。観世大夫が、将軍の御所で能を舞うとき、田楽の役者は、「褒め役」という屈辱的な役まわりを命じられるのが慣例となっていた。

ついには、「田楽の能」のことは忘れ去られ、「能」と言えば、「猿楽の能」だけを指すようになる。

田楽は歴史のなかに消え、いまでは芸の断片が、各地に民俗芸能として点在するだけだ。

3　美少年と将軍

†祇園祭の桟敷

日本を代表する祭り、京都の「祇園祭《ぎおんまつり》」。この祭りが、最高潮に達するのは、優雅な囃子の音色とともに、豪華絢爛たる飾りつけをされた山や鉾《ほこ》が、列をなして大路を進む「山《やま》鉾巡行《ぼこじゅんこう》」だ。そのとき、沿道では、一目見ようという人で身動きが取れないほどになる。

室町時代初期の永和《えいわ》四年（一三七八）六月七日、まだ山はなかったが、鉾の巡行はおこなわれていた。それを見物しようと四条東洞院《しじょうひがしのとういん》に設けられた桟敷に、ひとりの貴人が美しい稚児《ちご》をともなってあらわれ、みずから盃を与えるなどしながら楽しんだ。

貴人は、まだ二十一歳ながら室町幕府の権力を固めようとしていた将軍足利義満。稚児は、「大和猿楽」の座のひとつ結崎座の能役者である「観世」（観阿弥）の息子。このころは「藤若《ふじわか》」と呼ばれていた。まだ十五歳だった。

二人がともに「祇園祭」を見物したことは、センセーショナルで、スキャンダラスなことだった。

✝憤慨する三条公忠

前内大臣・三条公忠《さんじょうきんただ》（明治維新の立役者である実美《さねとみ》の遠い先祖にあたる）は、その日記『後愚《ごぐ》昧記《まいき》』のなかに、義満が「大和猿楽児童」をともなったと記し、憤慨している。

この時代、貴人が稚児を連れて歩くことはけっして珍しくはなかった。稚児は、ふつうの子どもとは違い、長く伸ばした髪をうしろで束ね、化粧をしていた。「女形《おやま》」にも通じる中性の美だ。神仏の化身ともされる美しい稚児を傍に置くことはむしろステータスでさえあった。

だから公忠は、「稚児をともなう」ことに憤慨したのではない。問題は、それが「猿楽の役者だった」ことだ。

かつて役者は、「河原乞食」と蔑まれていた。公忠も「散楽は乞食の所行なり」（東京大学史料編纂所編『大日本古記録　後愚昧記二』岩波書店、一九八四年）と記している。「散楽」は猿楽と同じ意味だ。その役者が、あろうことか公衆の面前で将軍の傍にいる。公忠は、「最高権力者みずからが身分秩序を乱している」ことを問題視したのだ。

†南阿弥の勧めも?

義満が、藤若に初めて出会ったのは、その三年前の永和元年(一三七五)六月のことだった。若き将軍は、東山の新熊野《いまぐまの》神社でおこなわれる結崎座の大夫・観阿弥の能を見物に出かける。のちに「今熊野猿楽」と言われる催しだ。当時は、同じ「能」でも名手が数多くいた田楽が優勢だった。義満も、猿楽の能は見たことはなかったようだ。

なにがきっかけで見物することになったかを示す明快な史料は残っていないが、人間関係から考えると、義満の信任が厚かった僧の覚王院宋縁《かくおういんそうえん》からの誘いだったのだろう。神仏習合の新熊野神社において、宋縁は全体を統括する「別当」の地位にあった。

さらには、義満の傍近く仕えていた海老名《えびな》の南阿弥陀仏《なあみだぶつ》(南阿弥《なあみ》)の勧めもあったとも想像できる。鎌倉時代末から南北朝時代の戦乱にあって、阿弥陀仏を略した「阿弥号」を名乗る時宗の僧の多くが、武士にしたがって戦場におもむいた。そのなかには文化的な才がある者も多く、戦乱が収まると貴人の傍に仕えるようになる。やがて室町時代には、僧でなくとも貴人の傍で文化に携わる者は、「阿弥号」を名乗るのが習わしとなっていた。

南阿弥も、そのひとりで、芸能にとどまらず文化全般に詳しく、その方面に関する義満の助言役でもあった。

観阿弥は、役者ばかりの家系に生まれた。「大和猿楽」の伝統である大衆受けする劇的な曲と「幽玄《ゆうげん》」といわれる美しさに主眼を置いた貴人に評価される新しい傾向の曲の両方に長《た》けていた。大和だけでなく、他の地方にもあった猿楽全体を代表し、田楽をもしのぐほどの人気役者。まさに一度は見てみたい、「噂の役者」だった。

初めて猿楽を見た義満は、観阿弥の芸も気に入ったが、息子の美しさと芸にも強く惹かれた。これ以降、義満は、二人を寵愛し、庇護するようになる。

第1節ですでにふれたが、観阿弥は義満の許しを得て、猿楽の座のなかで、「長」を頂点する専門の役者しか演じることができなかった〈翁〉を能役者として初めて演じた。それを後押ししたのは、義満の傍近く仕え、芸能に通じていた南阿弥だった。これには翁役者たちもさぞかし憤慨し、慌てたことだろう。

これが前例となり、大夫が〈翁〉を演じることがふつうになる。そうなると、翁役者の存在価値はなくなり、猿楽の座のなかの主導権は、大夫を中心とする能役者のものとなっていった。

†大文化人が付けた名

藤若に心を奪われたのは、義満だけではなかった。義満と貴族社会とのあいだを取りもち、政治的な盟友となった前関白の二条良基《にじょうよしもと》は、将軍よりも早く観阿弥の息子を見初めていたとおぼしい。

崇光《すこう》上皇が記したとされる日記『不知記《ふちき》』によると、それは新熊野神社での猿楽に先立つこと二カ月ほど前のことである。永和元年（一三七五）の四月上・中旬、東大寺の塔頭である尊勝院《そんしょういん》の院主の経弁《きょうべん》が、ひとりの少年を連れて良基の屋敷に来たのだという。噂に高い観阿弥の息子だった。少年は早くから院主のもとに稚児として出入りしていたようだった。

このとき、良基は、稚児に「藤若」という幼名を与えた。命名のいわれを歌にして、扇に書いて渡すという優雅なものだった。その歌は、次のようなものだった。

松か枝のふちのわか葉に千とせまて
　かゝれとてこそ名つけそめしか

（伊地知鐵男「東山御文庫本『不知記』を紹介して中世の和歌・連歌・猿楽のことに及ぶ」、『国文学研究』35、早稲田大学国文学会、一九六七年三月）

意訳すると「松の枝にかかる藤の若葉のように、いつまでも瑞々しい美しさを保ってほしいと思い名づけた」といったところだ。

この「藤若」という名には深い意味があった。押小路烏丸《おしこうじからすま》にあった良基の屋敷（押小路烏丸殿）には、上皇や天皇も連歌《れんが》の会などでたびたび訪れる、平安時代からの池泉式《ちせんしき》の名園があった。観阿弥の息子が訪れたときは、藤の花が咲き誇る季節。きっと庭の松に美しい藤がかかっていたのだろう。良基は、藤と少年の「時分の花」の美しさを重ね合わせたのだ。

もとより、藤は「藤原」に通じる。藤原氏は多くの家に分かれるが、最高の家格の五摂家（近衛《このえ》・九条・鷹司《たかつかさ》・一条・二条）のなかでも「藤といえば二条家」と言われるほどであり家紋もまた藤だった（近衛、鷹司は牡丹紋）。家を代表する花の名前を一介の猿楽役者の少年に付けたことからも、良基の入れこみぶりがわかる。

†『良基消息詞』

藤若に恋い焦がれた良基は、その後、経弁にあてて「間接的なラブレター」を送る（直接藤若にあてなかったのは、引き合わせてくれた経弁への遠慮からだろう）。将軍がこの稚児を寵愛していることを、すでに良基は知っていると内容から察せられるから、「今熊野猿楽」がおこなわれた六月以降ということになる。

『良基消息詞《しょうそくことば》』と呼ばれている手紙の一部を引こう。

わか藝能は中中《なかなか》申《もう》におよはす、鞠連哥《まりれんが》なとさえ堪能には、たゝ物にあらす候、なによりも又かほたちふり風情ほけ〳〵として、しかもけなりけに候、かかる名童候へしともおほえす候

幽玄なるを上品にはして候なり、この児の舞の手つかひ、足ふみ袖かへし候さま、まことに二月はかりの柳の風になひきたるよりもなをたをやかに、秋の七草の花はかりゆふ露にしほれたるにもまさりてこそ候らめと見えて候（小川剛生「良基と世阿弥――

『良基消息詞』偽作説をめぐって」、『ZEAMI』中世の芸術と文化03、森話社、二〇〇五年十月）

『源氏物語』、さらには唐の玄宗《げんそう》皇帝と楊貴妃《ようきひ》との故事まで引いて、芸能だけでなく蹴鞠や連歌にも長けた藤若の才能と美貌をこれでもかこれでもかというほどに褒め称えている。そして、ぜひもう一度、連れてきてほしい、と懇願したのだ。

このラブレターのほかに、『不知記』には、本節冒頭に記した祇園祭の鉾見物と同じ年である永和四年（一三七八）四月に、良基が自邸で開いた「連歌」の会に藤若を参加させ、そこで付けた句を称賛したことも記されている。また藤若に会いたい、という良基の願いははかなっていたのだ。

二条良基は当代きっての文化人で、蹴鞠がうまく、連歌の名人でもあった。いくら美しかったとしても、相手になるほどの教養が藤若になかったとしたら、これほどまでに執着しなかったことだろう。

†貴人に愛される教育の成果

観阿弥は、貴人に愛されるためには、蹴鞠や歌が必須だと考えていた。そのため息子にも学ばせた。藤若は、歌に長けていたことから見ると、その基礎となる『平家物語』『源氏物語』『伊勢物語』といった軍記物語・王朝文学や日本・中国の故事など幅広い教養も身に付けていたのだろう。それなくして、良基に称賛されるような歌を詠めるはずはない。

しかし、さほど豊かだったとは思えない猿楽の役者が、これほどの教養を身に付けるのはむずかしい。尊勝院の経弁のもとに稚児として出入りさせる代わりに、教育係をしてもらっていたのかもしれない。

藤若が少年期を過ぎ、本名の三郎を名乗るようになると、義満の寵愛はかつてほどではなくなり、熱は冷める。二十歳を過ぎたころには、父の観阿弥も没する。

義満は、近江猿楽の犬王を重用するようになっていて、みずからの法号「道義」から一字を取って「道阿弥《どうあみ》」の阿弥号を与えるほどだった。犬王は貴人好みの芸術性の高い芸風で、三郎より年上だった。犬王の重用が目立つ一方、しばらく三郎の活動は目立たなくなる。

しかし義満の庇護は途絶えていたわけではない。三十歳を越えた応永《おうえい》六年(一三九九)には、義満の後押しで、京の一条竹ヶ鼻で三日間の勧進能を開く。このとき、義満は連日、見物に来ている。

勧進能の二年後、三郎は「世阿弥」を名乗る。世阿弥の著書『申楽談儀《さるがくだんぎ》』には、「せあみ」ではなく「ぜあみ」と呼ぶように決めたのは義満だと記されており、義満も認めたうえでの改名だったことがわかる。

観阿弥が施した英才教育は、貴人に寵愛され庇護を受けるという目的を超え、能を大変革し、芸術性の高い芸能に仕立て上げるという結果をもたらした。

世阿弥は、役者・演出家としてだけでなく、劇作家としても傑出していた。〈高砂《たかさご》〉〈八島《やしま》〉〈井筒《いづつ》〉〈松風《まつかぜ》〉〈砧《きねた》〉など、格調高く芸術性にあふれる曲を次々と生み出していった。その数は、およそ四十曲、なんらかの形でかかわった曲まで含めると五十曲にも及ぶ。その多くは、いまでも能を代表する名曲に数えられる。

†しかし、晩年は不遇

応永十五年（一四〇八）、義満は没する。

後を継いで四代将軍となった嫡子の義持《よしもち》は、田楽・新座の増阿弥《ぞうあみ》を贔屓《ひいき》にしたが（増阿弥は応永二十年代［一四一三〜二二］に、義持の後押しで、京都で「勧進田楽」を催している）、けっして世阿弥を疎んじたわけではなく、幕府のお抱え役者としての立場を尊重した。世阿弥の

『至花道《しかどう》』には、義持は褒めるばかりの義満と違い、芸を見る目が厳しいとして、「玉を磨き、花を摘める幽曲ならずば、上方様の御意《ぎょい》にかなふ事あるべからず」（表章・加藤周一校註『世阿弥 禅竹』岩波書店、一九九五年）と記している。

しかし、嫡子の義量《よしかず》に将軍の座を譲った後も、実権を握り続けていた義持が没すると、世阿弥の身に、思わぬことが起こる。

前代未聞のくじ引きで第六代将軍となった義教（義満の子、義持の弟）は、世阿弥の甥の元重《もとしげ》（音阿弥《おんあみ》）を贔屓し、世阿弥とその息子元雅《もとまさ》の親子を疎んじた。

その状況のなかで、非凡な才能をもち、将来を嘱望されていた元雅が、伊勢《いせ》で早逝してしまう。それもあってか永享《えいきょう》五年（一四三三）年、観世大夫の地位は、元重へと移る。

その翌年、失意の世阿弥は、理由は謎だが、佐渡へ流され、その後の消息はほとんどわかっていない。いつどこで亡くなったのかも不明のままだ。

しかし、もし義満と世阿弥が出会わなければ、能は、その後七百年近く、いまに至るまで続くことはなかっただろう。

4　『風姿花伝』のよみどころ

†六百年ぶりに世に出た書

いまでは、世阿弥の名と同じくらい有名な『風姿花伝《ふうしかでん》』（『花伝書』）だが、百年ほど前までは、ほとんど知られていなかった。広く知られるようになったのは、明治四十二年（一九〇九）、地理・歴史学者の吉田東伍《よしだとうご》の校註で、能楽会（代表・池内信嘉《いけのうちのぶよし》。池内は高浜虚子《たかはまきよし》の兄）から、『世阿弥十六部集』として、『風姿花伝』を含む伝書が刊行されたことによる。

刊行の発端は、吉田が知人から、世阿弥の伝書が「旧藩華族某家」から出で、安田善之助《やすだぜんのすけ》（安田財閥創業者である善次郎の長男）の元に収まった、と聞いたことによる。さっそく、見せてもらい、刊行へと進む。ちょうど、吉田は、世阿弥の芸談を次男の元能《もとよし》が聞き書きした『世子《ぜし》六十以後申楽談儀（猿楽談儀）』の刊行を終えたばかりだった。

安田善之助は、稀覯本の収集家として知られ、その蔵書を「松廼舎文庫《まつのやぶんこ》」と名づけていた。「松廼舎文庫」に納められていた伝書は、その後、関東大震災で焼失してしまったから、吉田が活字化して残した功績は大きい。

世阿弥は、三十代の終わりころから『風姿花伝』を手はじめに、堰を切ったように数々の伝書を著した。しかし、そのほとんどは、世阿弥の一族の子孫である観世宗家や同時代から続く金春宗家に「秘伝の書」として伝わり、目にしたことがあるのは、ごく一部の人だけだった。室町時代後期に、その存在を知った大名の望みで書写された例はあるが、刊行されることはなかった。

能楽師にとっては崇高な「芸論」とされてきた『風姿花伝』だが、最近では、現代社会でも通用する内容であることから、処世術・ビジネス論・人生論・プロデュース術などといったさまざまな角度からの指南書としても読まれている。

†好きなことを自由に

まず世阿弥の人生論から。

『風姿花伝 序』には、真っ先に、「好色・博奕《ばくち》・大酒。三重戒、これ、古人の掟なり」と記されている。わざわざ戒めとして挙げているところを見ると、当時の役者の素行は、目にあまる状態だったのだろう。

『風姿花伝第一　年来稽古条々』には、七歳のころの教育論としてこうある。

この頃の能の稽古、かならず、その者、自然とし出だす事に、得たる風体あるべし。舞・はたらきの間、音曲、もしは怒れる事などにてもあれ、ふとし出ださんかかりを、うちまかせて、心のままにせさすべし。さのみに「よき」「悪しき」とは教ふべからず。あまりにいたく諌むれば、わらんべは気を失ひて、能物くさくなりたちぬれば、やがて能は止まるなり。（竹本幹夫訳注『風姿花伝・三道』角川学芸出版、二〇〇九年）

子どもは、みずからやり出すことのなかに得意なことがあるはずだ、としている。やり出したことにたいしては干渉しないで、好きなようにさせるのがよい。むやみに、「よい」「悪い」と言ってはいけない。あまり強く注意すると、子どもは、やる気を失い、成長も止まってしまう、としている。

「好きなことを伸ばせ」とする、現代の教育論を六百年も前に先取りしている。

†それは本物の魅力ではない

続けて世阿弥は、二十四、五歳は大人への境目だとして次のように述べる。

よそ目にも、「すは上手出で来たり」とて、人も目に立つるなり。もと名人などなれども、当座の花にめづらしくして、立合勝負にも一旦勝つ時は、人も思ひ上げ、主《ぬし》も上手と思ひ染むるなり。これ、返すがへす主のため仇《あた》なり。これもまことの花にはあらず。年の盛りと、見る人の一旦の心のめづらしき花なり。まことの目利きは見分くべし。(『風姿花伝・三道』)

急に出てきた新人が、名声のある役者に挑み、新鮮さを武器に勝つと、人はもちあげ、本人も自惚《うぬぼ》れてしまう。しかし、これは本人のためにはけっしてならない。なぜかといえば、実際のところ本物の魅力ではなく、一時の勢いに観客が目を奪われたにしか過ぎないからである。目のある人は惑わされない。

これは、政治の世界でよく見られることではないか。弁舌さわやかな若い政治家が、なにかをきっかけに脚光を浴びると、話題性から、マスコミも注目し、一時的に人気が高まるが、長続きしないことが多い。

†「男時、女時」と老いての心得

『花伝第七 別紙口伝』には、運命論的な人生論が記されている。

時の間にも、男時《おどき》・女時《めどき》とてあるべし。いかにすれども、能にも、よき時あれば、かならず悪き事またあるべし。これ、力なき因果なり。（『風姿花伝・三道』）

人生には、運気が上昇している「男時」と下降している「女時」がある。能でも、よいときもあれば、悪いときもある、これは人の力では、どうしようもないことなのだ、というのだ。

世阿弥は、「女時」から「男時」に変わる瞬間を重視していて、このときのありかたについてくりかえし述べている。この瞬間は、「勝負どころ」という言葉に置き換えてもよいだろう。勝負どころでないときは、あまり演出に凝ったりせず、負けても気にせず、力を温存してゆくよう諭している。しかし、「男時」が来たときには、取っておきの芸を出せ、というのだ。

世阿弥は、年をとってからの身の処しかたにも言及している。「人生五十年」と言われた時代。『風姿花伝第一　年来稽古条々』では、「四十四五」になったときについてこう説く。

よき脇の為手《して》を持つべし。能は下らねども、力なく、やうやう年闌《た》けゆけば、身の花もよそ目の花も失《う》するなり。まづ、すぐれたらん美男は知らず、よきほどの人も、直《ひた》面《めん》の申楽は、年寄りては見られぬものなり。さるほどに、この一方は欠けたり。この頃よりは、さのみに細かなる物まねをばすまじきなり。大かた似合ひたる風体を、やすやすと、骨を折らで、脇の為手に花を持たせて、あひしらひのやうに、少なすくなとすべし。（『風姿花伝・三道』）

もしこの頃まで失せざらん花こそ、まことの花にてはあるべけれ。それは、五十近くまで失せざらん花を持ちたる為手ならば、四十以前に天下の名望を得つべし。たとひ天下の許されを得たる為手なりとも、さやうの上手はことに我が身を知るべければ、なほなほ脇の為手をたしなみ、さのみに身を砕きて難の見ゆべき能をばすまじきなり。

かやうに我が身を知る心、得たる人の心なるべし。（『風姿花伝・三道』）

「脇の為手」とは、二番手の役者のこと。芸の力は変わらなくても、年齢が高くなるにしたがい、容姿は衰え、観客からも持て囃されなくなる。かなりの容姿でも「直面《ひためん》」（素顔のこと）で演じるのは見るに堪えず、手持ちの曲から消える。この年ごろから、手のこんだ曲を演じてはいけない。年齢相応に楽々と無理なく演じることを心がけ、多くを二番手の役者に譲り、自分は控えめにしているのがよい。

もしこの年ごろまで芸の力が衰えなかったとしたら、これこそ「ほんとうの花」だ。しかし、そういう境地に達した役者こそ、二番手を育て、むやみに衰えをさらけ出すような能を演じることはしない。己を知るということこそ、奥義に達した人の心得だからだ。

世阿弥は、役者・脚本家・演出家にとどまらず、観世座を率いる経営者としての顔もあり、プロデュース能力にも長けていた。

†「秘すれば花」

『風姿花伝』というより、世阿弥の言葉で最も有名なのは、次の一節だろう。

秘すれば花なり。秘せずは花なるべからずとなり。(『風姿花伝・三道』)

これには、「人の心に思ひも寄らぬ感を催す手立《てだて》、これ花なり」という補足がある。いずれも、『花伝第七 別紙口伝』に記されている。

存在を秘密にすれば花だが、秘密にしなければ花にはならない。花というのは、予想していなかったところにあらわれるからこそ感動をもたらす、としている。

思い出すのは二〇〇〇年代の初頭、小泉純一郎《こいずみじゅんいちろう》首相は政治手法として、「サプライズ」を効果的に使い、高い支持率を維持した。まるで世阿弥に学んだのではないかと思わせる巧みな政治手法だった。

そのほか『花伝第六 花修』にはこうある。

かなはぬ所をば、小所・片辺りの能にし習ふべし。かやうに稽古すれば、かなはぬ所も、功《こう》入れば、自然自然にかなふ時分あるべし。さるほどに、つひには、能に嵩《かさ》も出で来、垢も落ちて、いよいよ名望も一座も繁昌する時は、さだめて、年行くまで花は残るべし。(『風姿花伝・三道』)

得意ではない曲は、小規模なところや田舎での催しで演じて稽古を積めば、自然と慣れてうまくなる。そうすれば、やがて芸域も広がり、洗練されて、名声を得て、一座も繁栄し、きっと年を取っても魅力は衰えないだろう、というのだ。

この世阿弥の言葉を心に留めているせいなのか、現代の能楽師も、往々にして、歴史がある能舞台などに比べ、地方の文化会館などでは気が入っていないように感じる。「一期一会」とはいうが、演じる回数が多い能楽師は、毎回、全力でというわけにはいかないだろうから、しかたがないことではある。

†観客が騒がしいときには

役者が、舞台に登場するタイミングについても注意を払っている。『風姿花伝第三 問答条々』では次のように述べている。

人群集《くんじゅ》して、座敷いまだ静まらず。さるほどに、いかにもいかにも静めて、見物衆、中楽を待ちかねて、数万人の心一同に、遅しと楽屋を見るところに、時を得て出でて、一声《いっせい》をも上ぐれば、やがて座敷も時の調子に移りて、万人の心、為手《して》の振舞に和合して、しみじみとなれば、なにとするも、その日の中楽は、はや良し。(『風姿花伝・三道』)

観客のざわめきがなかなか収まらないときは、まずは待たせるのだという。そして人びとのまだかまだかという気持ちが頂点に達した瞬間を見はからって登場すると、客の心とシテの演技がひとつになり、成功だ、というのだ。

世阿弥の気持ちは、観客のなかでも、つねに最大の庇護者であった将軍義満をはじめとした貴人に向けられていた。もし、まだ観客が静かになる前に貴人があらわれたら、どう対処したらよいか。貴人が席に着いたら、待たせることなく始めなければならない。

そういうときには、こうせよと言う。

日ごろより色々と振りをもつくろひ、声をも強々《つよづよ》とつかひ、足踏みをも少し高く踏み、立ち振舞ふ風情をも、人の目にたつやうに生き生きとすべし。これ、座敷を静めんためなり。(『風姿花伝・三道』)

つまり、いつもより、動きを派手にし、声も強く出し、足踏みも高く、動きも注目を集めるように生きいきとすれば静まる、としているが、それでも、こういったときの能は、十分には成功しない、ともしている。あくまで、緊急避難的な対処方法を示しているに過ぎない、ということだ。ここに、経営のことを気にしながらも、芸術を追求した世阿弥の姿勢を垣間見ることができる。

†ほんとうの達人とは

とはいっても、庶民のことを無視しているわけではない。しっかり目配りしている。『風姿花伝 奥義』にはこうある。

この芸とは、衆人愛敬《しゅにんあいぎょう》を以て、一座建立の寿福とせり。ゆゑに、あまり及ばぬ風体のみなれば、また諸人の褒美欠けたり。このために、能に初心を忘れずして、時に応じ、所によりて、おろかなる眼にもげにもと思ふやうに能をせん事、これ寿福なり。(『風姿花伝・三道』）

能は、多くの人に愛されることによって一座の経営が成り立つ。そのためには、理解するのがむずかしいような芸術性の高い曲ばかりでは駄目だ。それまで習得したあらゆる芸を覚えておいて、時と場所に合わせて、たとえ鑑賞眼のない人でも、おもしろいと思う能を演じることこそが、一座の繁栄の基本となる、と世阿弥は説く。そして、ほんとうの達人とは、どのような人を相手に演じても、悪く言われることがない者をいうのだとしている。

このように世阿弥は、気配り・目配りの人だった。それでも足利義教にはなぜか疎まれ、いまだに理由はわからないが、佐渡に流されてしまう。その後の消息は、そのまま島で亡くなったのか、あるいは許されて戻ったかさえわからない。不遇な晩年だった。「処世術の達人」だった世阿弥でさえ、結局のところ、人生は思い通りにはならなかった。

5　戦乱の世を生き抜く役者

†大衆ウケ狙ったエンターテイメント

能は、「清経《きよつね》」「井筒」「松風」といった世阿弥が作った格調高く芸術性にあふれる曲が本流とされる一方、「船弁慶」「紅葉狩」といった華やかで娯楽性の高い曲も人気だ。

後者のような曲の代表的作者が、世阿弥の甥で、四代観世大夫・音阿弥（元重）の七男に当たる観世信光だ。信光は、大夫の家に生まれたが、七男だったため。シテにはならず大鼓方となった。大鼓の名手でもあったが、大夫を継いだ兄と甥が相次いで早世し、残された子が、まだ幼い時には代理でシテを演じることもあったとされるから、多才な役者だったようだ。

しかし、信光が名を残したのは能の作者として。劇的な筋で、大人数が登場する華やかさが持ち味。約三十曲を残し、そのうち十二曲ほどは現在でも演じられている。「張良」「羅生門」といった、ワキが「主役」と言ってもよいような曲を始めとして、全体的に各役が満遍なく活躍する曲が多い。世阿弥のような軍記物語・王朝文学ではなく、日本・中国の伝説や故事まで幅広く素材にしているのも特徴だ。

信光が、このような能を作ったのには、置かれていた時代状況が反映している。「応仁の乱」を契機として長い戦乱の時代に入り、幕府は弱体化し、将軍の権力も失われた。能役者を庇護するような政治力も、経済力も。無くなった。「翁」以来のつながりがある大和の寺社も。同じく力を失い、最早頼りにならなくなっていた。

窮地の策として、以前から催していた「勧進能」に力を入れるようになる。義満も時代の頃の「勧進能」は、事実上、将軍の丸抱えだったが、もうそうはいかなかった。大衆から一人ひとり銭を取って見せる本格的な「興行」だった。

「興行」を成功させるためには、大衆ウケしなければならない。こういった「興行」では、世阿弥が作ったような芸術性が高く、見るに当たって教養を必要とする曲だけでは駄目だ。

そこで信光が考え出したのが、大衆にまで広く知られている伝説や故事を素材とし、さらには、それさえ知らなくとも、視覚的に楽しめる曲を作り上げることだった。今風に言うと「エンターテイメント」だ。信光の成功によって、他の作者も追随して同傾向の曲を作るようになる、されには、世阿弥以降の芸術志向のなかで、埋もれていた娯楽性の高い曲も見直されるようになった。
やがて芸術性志向の曲と娯楽性の高い曲は、能にとって車の両輪のような存在になる。この両輪によって、能は幅のある芸能として発展し、後の大衆化社会になかでも、生き続けることができた。

†頼りは戦国大名と本願寺

戦国時代末期、戦乱で京は荒れ果てていた。そこで、能役者たちが頼ったのは、室町幕府を支えた守護大名に代わり各地で権力を握った戦国大名。観世大夫は遠江・浜松の徳川、宝生大夫は相模・小田原の北条を頼るなど、ほとんどが下向し、四座の役者はちりぢりになった。

この時代、仏教界で台頭してきたのが浄土真宗。戦国大名に負けないほどの軍事力・経済力を持っていた。浄土真宗では、室町時代中期、「中興の祖」と言われる蓮如の頃から能を盛んに催すようになり、役者を庇護した。それは京・山科から摂津・石山に移ってからも続いた。その後も、時代が変わり、権力者が変わっても、能楽への庇護は続いてゆく。

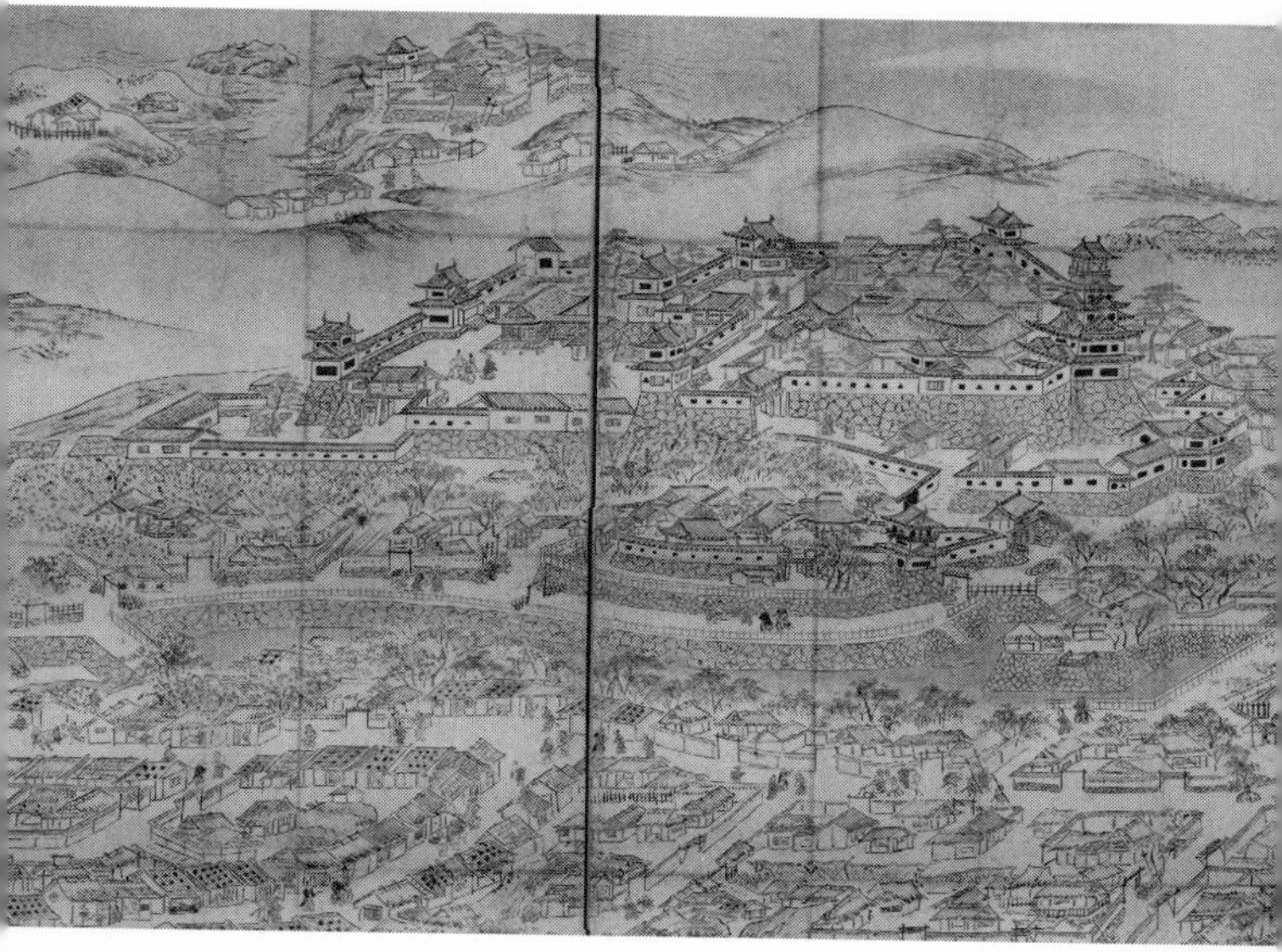

第二章
太閤の能狂い

肥前名護屋城図屏風（佐賀県立名護屋城博物館所蔵）

1 実力は「神変奇特」

†肥前名護屋にて

下手の横好きは困ったものだ。とくに年配になり、それ相応の地位がある人だとまわりにも迷惑がかかる。その典型が、晩年、関白を辞退し、「太閤」と呼ばれるようなってからの豊臣秀吉《とよとみひでよし》。時の後陽成《ごようぜい》天皇も、その被害者のひとりだった。

天正《てんしょう》二十年（一五九二）一月、秀吉は、前々から思い描いていた朝鮮半島を足がかりに明にまで攻め入るという途方もない夢、すなわち「唐入り《からいり》」を実現しよう、と全国の諸大名にたいして出陣の大号令を下す。すでに二年ほど前から、出兵に備え、九州の大名に命じ、兵站《へいたん》基地として肥前名護屋《ひぜんなごや》城の築城が進められていて、すでに完成していた。

肥前名護屋城が築かれたのは玄界灘に突き出た半島。ここから壱岐、対島へ向かって直線を引くと、その先にあるのは釜山だ。朝鮮攻めには、絶好の場所だった。入り組んだ海岸の上になだらかな丘が広がる地形。豪壮な五層の天守を備えた城を中心に、それを取り巻くように、徳川家康《とくがわいえやす》をはじめとした武将たちが陣を布いた。陣といっても、館と称すべき本格的なものである。全国から三十万を超える大軍が集結した。そればかりでなく商家も軒を連ね、忽然と「秀吉の城下町」が出現したのだ。

秀吉がいたのは、本丸の下の「山里丸《やまざとまる》」。戦いのために急造された城のなかとは思えない庭や池、茶室もある御殿だった。そこには能舞台も設けられていた。かつては能にそれほど興味があったわけではない秀吉だが、このころには、役者の好みも出てくるなど関心が高まっていた。能舞台が設けられたのも、それを示すものと言えるだろう。

秀吉は、天正二十年三月二十六日に京を出発し、四月二十五日に名護屋城に入る。秀吉が道中にあった四月十三日に、朝鮮半島で、戦端の火蓋が切られていた。

年末に改元があり、年号は「文禄《ぶんろく》」となった。明けて文禄二年（一五九三）の正月、秀吉のもとを、金春座系の役者である暮松新九郎《くれまつしんくろう》が年賀の挨拶に訪れた。秀吉は、金春大夫の金春安照《あんしょう》をお抱え役者としていて、暮松（元は山城《やましろ》・山崎の離宮《りきゅう》八幡宮の神職の出）もお気に入りのひとりだった。

このときを境に、秀吉は、突然、暮松を指南役として、能の稽古を始める。それまで、能を演じさせることはあっても、みずから稽古することはなく、一からのスタートだった。

†おやめくださいますのがよろしいのでは……

秀吉の甥で養嗣子だった秀次《ひでつぐ》に仕えた医師・小瀬甫庵《おぜほあん》が、伝聞や資料をもとにまとめ、その後数多く出た『太閤記』の原点となった『甫庵太閤記』によると、自分の楽しみもだが、武将たちの慰労のために演じてみせようとしたのだという。しかし、周囲の反応はこうだった。

御年も漸耳順《ようやくじじゅん》にちかゝらん。願《ねがわく》は止給《やめ》ひなば、目出事《めでたき》になん侍らんと云《いう》もあり。又笑《えみ》を含《ふくん》でさみし侍るも過半せり。（小瀬甫庵輯録、檜谷昭彦・江本裕校注『太閤記』、『新日本古典文学大系60』岩波書店、一九九六年）

「耳順」とは六十歳のこと。秀吉は、その手前の五十六歳だった。要するに「年甲斐もないことは、おやめくださいますのがよろしいのでは……」ということである。「笑を含でさみし」ともある。「さみする」とは軽く見ること、さすがに天下人を軽んずるわけにはいかないので、なにも言わず苦笑いしていた者が大半だったようだ。

それでも秀吉は思いとどまらず熱心に稽古を始めた。五十日ほどのあいだに十五、六曲を覚えたので、暮松は、舞台で演じてもよいのではと勧めた。周囲の者も感心した、と記されている。

秀吉は、言い出したら聞かず、下手なことを言うと、どんな目に遭うかわからなかった。周囲の者も合わせるしかなかったのだろう。

✝小袖の柄が気に入りました

しかし、出来はともかくとしても、三月ごろまでには、少なくとも十曲は覚えたことは他の史料からも確認できる。

稽古を始めたのにともなって、秀吉は、京や大坂から頻繁に能面・装束・楽器など能道具を取り寄せている。京にいる家来にあてた手紙には、じつに細かな指示が添えられている。史料から、正室の北政所《きたのまんどころ》（高台院《こうだいいん》）にも頻繁に送っていたことがわかる。

届いた能装束について、秀吉が北政所に送った手紙が残っている。

はや〱と見事ののふ《能》小袖、いろ〱のもん《紋》から《柄》の、き《気》にあ《合》い候やうにこのみ《好》候て給候。みなみなにみせ申候へは、一たんほめ申候。きにあい候てまん足に候《気合満》（天野文雄『能に憑かれた権力者』講談社、一九九七年）

小袖の柄がたいそう気に入り、喜んでまわりの者たちにも見せるという、秀吉の無邪気な上機嫌ぶりが目に浮かぶ。

†熱中の幅

秀吉の能にたいする熱中ぶりは、稽古にとどまらず、幅広かった。

二月下旬に、飛脚を送って金春安照と観世大夫の観世身愛《ただちか》（黒雪《こくせつ》）を呼び寄せ、四月九日に安照と暮松に〈翁〉付きで八曲、八月十三日にも、観世・金春・宝生・金剛座の大夫に揃って五曲を演じさせた。三座の大夫が、いつ呼び寄せられたかはわからないが、主だった能役者は、名護屋城に集結していたことになる。

また、四座の役者だけでなく、「ちほ大夫」という女能の役者や奈良の寺社の祭礼のときに能を演じる神職の役者まで呼び寄せている。

さらには、面打ちの名人といわれた角坊光盛《すみのぼうみつもり》を呼び寄せ、観世・金春家に所蔵されていた「名物面」と呼ばれる伝来の名作を写させたり（この功で光盛は「天下一」の称号を秀吉から許されている）、金春安照に金春座の「謡本《うたいぼん》」の整理をさせ、書家に書写させ、「百番集」を作ったりもしている。

朝鮮での戦は、初戦こそ一気に都の漢城を陥落させるなど勢いがあったが、朝鮮側の反撃や明の出兵で、次第に膠着状態に陥っていった。秀吉が、狂ったかのように能に熱中していたころには、厭戦気分の広がりを背景に、明軍とのあいだで和睦交渉が進められる一方で、依然として戦いは続くという複雑な情勢になっていた。

†「禁中能」

八月末、秀吉のもとに、大坂から待望の男子誕生の報が届いた（前年に秀吉は息子鶴松を三歳で喪っていた）。

ちょうど、朝鮮の戦況は事実上の休戦状態に入っていた。秀吉は、拠点となる城に一部を残し、将兵の撤退を決めたが、その帰りを待たずに急いで大坂へ戻る。

大坂に着いた秀吉は、御所で十月の三日間、能を催すと言い出す。徳川家康・前田《まえだ》利家《としいえ》らと大名とともにみずから能を演じ、後陽成天皇に見せようというのだ。のちに「禁中《きんちゅう》能《のう》」と呼ばれる催しだ。

このころは、「卑しい」と見られていた専業の役者が、御所に上がって能を演じることはなかった。演じていたのは、もっぱら「手猿楽《てさるがく》」と呼ばれた兼業の役者だった。ずぶの素人が大々的に天皇の前で能を演じる、しかも金春安照のような専業の役者とともになどということは前代未聞、驚天動地のことだった。

世継ぎである拾《ひろい》（のちの秀頼《ひでより》）が生まれて浮かれていたのか、十数番の能を覚えたと豪語していたから自信満々だったのかわからないが、秀吉らしい横紙破りだ。

✝耳を引っ張りあう家康と利家

十月までのあいだ、秀吉は、当日と同じ曲目で、入念に稽古能をくりかえしている。

舞台は、即位式など重要な儀式がおこなわれる御所のなかで最も格式が高い紫宸殿《ししんでん》の前庭に仮設された。見所となった紫宸殿には、親王や聖護院《しょうごいん》らの門跡、近衛をはじめとした摂家・清華《せいが》ら高位の公家らが並び、最も奥には天皇の御座があった。

初日の五日は、暮松の〈翁〉の後、秀吉の〈弓八幡《ゆみやわた》〉〈芭蕉《ばしょう》〉〈皇帝《こうてい》〉〈三輪《みわ》〉、前田利家の〈源氏供養《げんじくよう》〉、徳川家康の〈野宮《ののみや》〉など九曲の能と二曲の狂言が演じられた。

〈弓八幡〉については、『甫庵太閤記』のなかに、秀吉が「天下を治め民を安んずる能」であるという認識を示していたと記されている。

〈弓八幡〉は、作者の世阿弥も、脇能の代表に挙げるほどの名作。天下泰平の世を寿ぎ、天皇や将軍の崇敬が厚かった石清水《いわしみず》八幡宮の神徳を讃えることから、室町幕府では重要視された。秀吉は、その権力の後継者であることを誇示するためだろう、初日の〈翁〉に続く脇能として自ら演じた。暮松が神職を務めていた離宮八幡宮は、石清水八幡宮と縁がある。暮松の示唆があったとも推測される。

七日は、前日と同じく暮松の〈翁〉の後、秀吉の〈老松《おいまつ》〉〈定家《ていか》〉〈大会《だいえ》〉、細川忠興《ほそかわただおき》の〈遊行柳《ゆぎょうやなぎ》〉など能七曲と狂言二曲が演じられた。狂言では、秀吉・家康・利家が〈耳引《みみひき》〉で共演した。いまはなくどのような曲であったかは定かではないが、曲名からすると互いに耳を引っ張り合ったと想像できる。癇癪《かんしゃく》もちの秀吉相手であったから家康と利家は、さぞかし戦々兢々だったことだろう。

十一日は、関白を務めた近衛前久《さきひさ》の娘で、秀吉の養女として後陽成天皇の「女御」となった前子《さきこ》ら「女房衆」に見せるために催された。金春安照の〈翁〉に続き、秀吉の〈呉服《くれは》〉〈田村《たむら》〉〈松風《まつかぜ》〉〈杜若《かきつばた》〉〈金札《きんさつ》〉、前田利家の〈江口《えぐち》〉、徳川家康の〈雲林院《うんりんいん》〉など、合計で能九曲と狂言二曲が演じられた。

全体を通じてみると、〈翁〉は暮松と安照が演じたものの能のシテはすべて大名だった。狂言も〈耳引〉のほかの六回のなかで、半分は前田玄以《まえだげんい》が演じている。狂言に自信があったのだろう。その他、大名は、ワキ・囃子・アイなどでも、役者に交じって出ている。役者と素人が入り交じって演じることは、けっして珍しいことではなく、近代に入っても戦前までは盛んにおこなわれていた。

秀吉の演じた曲を見ると、神にまつわる「脇能」が多く、その他も皇帝や天狗、勝ち戦さの武将の霊が登場する曲が並ぶ。その半面、女を主人公とするようなしっとりとした曲が少ない印象だ。京都の野村美術館が所蔵している秀吉自筆の能の上演記録と比較すると、いつもより、その傾向が強い。天皇の前で、みずからの超人的な姿を誇示しようとしたのだろう。

†近衛信輔は記す

では、技量は、どうだったのだろうか。

このときの能では、他では見ることができない役割が出てくる。

見物した前左大臣・近衛信輔《のぶすけ》（信尹《のぶただ》）が残した『禁中猿楽御覧記《きんちゅうさるがくごらんき》』には、「太閤相国《たいこうしょうこく》」、つまり秀吉の名前の横に「ソヘ声（添え声）」という注記がある。これは、謡《うたい》が出てこなくなったときに教える役で、師匠の暮松の役目だった。役者でも年をとれば謡が出てこなくなることは珍しくはない。そのときは、舞台に向かって左手奥に座っている「後見《こうけん》」が教える。しかし、あくまで不測の事態であらかじめ想定しているわけではない。あらかじめ「添え声」を用意しておかなければならなかったということは、秀吉がきちっと覚えていなかったということになる。

信輔は、『禁中猿楽御覧記』のなかで、秀吉や大名たちの芸について詳細に批評している。この批評からは信輔の鑑賞眼の確かさがうかがえる。

秀吉の〈弓八幡〉については、「仰《そもそも》　太閤御能神変奇《たいこうのおのうしんぺんき》特也《とくなり》」（『能に憑かれた権力者』）と記されている。「神変奇特」とは、人知も及ばぬ不思議なことを意味する。それ自体、真意がわからない不思議な感想だが、なんと評してよいかわからず、苦しまぎれにも見える。〈定家〉については、「是までのはやし、御能、催　感　涙《かんるいをもよおす》ばかり也」（『能に憑かれた権力者』）とある。感激して涙が止まらない、と気持ちが悪いほどのベタ褒めだ。しかし、残りの曲では、他の出演者について、事細かに批評しているのにもかかわらず、秀吉への言及はない。

信輔は、左大臣のときに関白の座を狙っていたが、二条昭実《あきざね》と争い、その結果、秀吉に漁夫の利でその地位をさらわれ、そのうえ早々に養子の秀次に譲られてしまった。秀吉のことをおもしろく思っていたはずはなかったが、それでも秀吉の権力の前には、ひれ伏すしかなかった。日記にも、迂闊なことは書けなかったのだろう。

秀吉は、室町時代の将軍に倣い、「ほめ役」も用意させていた。公家の西洞院時慶《にしのとういんときよし》が残した日記『時慶記《ときよしき》』の七日の条には、「今日ハ某《それがし》モ太閤御能誉申人数也《たいこうのおのうほめもうすにんずなり》」（西洞院時慶著、時慶記研究会翻刻・校訂『時慶記』第一巻本願寺出版社発行・臨川書店発売、二〇〇一年）と「ほめ役」を命じられたことが記されている。

歴史をふりかえると、能は、ある時期から、役者が演じるのを見るのと同時に、素人がみずから演じて楽しむ芸能ともなった。貴人たちの能は、いわば「宴会芸」。うまくても下手でも盛り上がった。しかし、それはお互いがやる、という前提があるからだ。現代のカラオケと同じだ。

一方的に、かくも盛大な「宴会芸」を見せられた後陽成天皇は、きっと内心、困惑していたのではないだろうか。

朝鮮出兵の兵站基地として築かれた肥前名護屋城で、男子を期待しながら我が子の誕生を待っていた秀吉が、能の稽古に没頭したのは、なぜだったのか？

「天下人」として「権力」を握った秀吉が、次に目指したのは「権威」だったからだ。「権威」なくして「権力」を我が子に受け継がせることはできない。その「権威」を高める道具の一つが能だと考えたのだ。

最高の「権威」を持つ天皇を頂点とした貴族の雅楽に対抗できるのは、武士の間で重んじられるようになっていた能しかない。これを天皇に見せることにより、自らの「権威」を誇示しようとしたのだ。

だからこそ、誕生の報を聞くや否や、すぐに大坂に戻り、「禁中能」の準備に取りかかった。

2 壮大な自画自賛

†吉野行き

天皇の前で能を演じて見せた豊臣秀吉の「能狂い」は、それでは止まらなかった。むしろ加速し、暴走気味でさえあった。

文禄三年（一五九四）二月の末、秀吉は、古代から桜の名所として名高い大和の吉野へ花見に向かう。旧暦の二月末と言えば、新暦では四月中旬。春が遅い山上の吉野では、みごとに桜が咲いていたことだろう。

しかし、吉野を訪れた目的は、花見だけではなかった。

関白・豊臣秀次の右筆《ゆうひつ》で、吉野にも付き従った駒井重勝《こまいしげかつ》が記した『駒井日記』によると、秀吉は、二月二十五日に京を出発し、途中、當麻寺《たいまでら》に二泊する。二十七日には、吉野に登り、宿所の桜本坊に入る。桜本坊は、天武《てんむ》天皇が、壬申《じんしん》の乱に勝利する前に、皇位に就くことを予言した夢のなかに出てきた桜の木が立っていた場所に建っていた。秀吉は、ここで、歌会を開いたり、花見をしたりして時をすごした。

そして三月一日、もうひとつの目的であった能が催された。

そのとき、演じられた曲こそが、秀吉の能狂いが、いまだ続いていたことを示すものだった。

舞台は、金峯山寺《きんぷせんじ》の本堂である蔵王堂《ざおうどう》の前に設けられた。

演じたのは、姉の子である秀次と秀保《ひでやす》、正室の北政所の甥である小早川秀秋《こばやかわひであき》、幼少期から寵愛しみずからの一字を与え養子のような存在だった宇喜多秀家《うきたひでいえ》、お抱え役者の金春安照の子である七郎。秀吉にとっては身内ばかりだった。

この催しの目玉は、秀吉の〈吉野詣《よしのもうで》〉だった。

「天下人」となった秀吉は、みずからを主人公とした能を作らせることを思い立ち、傍にいて話し相手を務める「御咄衆《おとぎしゅう》」で、教養人でもあった大村由己《おおむらゆうこ》に命じ、〈明智討《あけちうち》〉〈柴田《しばた》〉〈北条《ほうじょう》〉〈吉野詣〉〈高野参詣《こうやさんけい》〉の五曲を作らせ、安照に節付けさせていた。

このときの細かいようすはわからないが、秀吉は、吉野へ旅立つ前に、二度にわたり〈吉野詣〉を演じ、入念に準備をして、この日に臨んでいる。

†次いで高野山へ

秀吉は、吉野での能を終えると、慌ただしく高野山参詣へ向かう。高野山に着くと、四日に亡くなった母・大政所《おおまんどころ》の法要を営み、五日には能を催した。

舞台を設けたのは、大政所の供養のために建立した青巌寺《せいがんじ》の門前だった。『駒井日記』は、秀吉が〈老松〉〈井筒《いづつ》〉〈皇帝〉〈松風〉の四曲を演じたとしているが、小瀬甫庵の『甫庵太閤記』には、誰が演じたかはハッキリしないが、「高野詣」だと記されている。駒井は、吉野を下り、秀次の居城がある大和郡山《やまとこおりやま》へ付き従った。高野山には行っていないから、甫庵同様に伝聞になる。はたして、どちらが正しいのだろうか。

旧加賀藩主・前田家の尊経閣《そんけいかく》文庫には〈高野参詣〉の謡本が所蔵されている。その奥書には、寺宝にしたい、という金剛峯寺《こんごうぶじ》の興山上人《こうざんしょうにん》（木食応其《もくじきおうご》）の願いに応じ、「豊臣」の金印を押して与えられた旨のことが記されている。興山上人は、秀吉の信任が厚く、青巌寺の建立を命じられ、その開基となった高僧だ。

問題は、奥書に記されている日付にある。「文禄三年三月五日」。まさに、青巌寺の門前で、能が演じられた日と合致する。

謡本の題は後陽成天皇の宸筆《しんぴつ》、詞章は秀吉と懇意にしていた聖護院門跡の道澄《どうちょう》の筆によ る特別なものだ。このことから見ても、〈高野参詣〉が演じられたときの記念の品である可能性が高い。

演じたのは、高野山へ行った顔触れを見ると、秀吉か、安照のいずれかだ。

†ふたたび禁中で

「太閤能」の上演は、これでは終わらなかった。

秀吉は、ふたたび「禁中能」を催し、そこでも披露しようとしたのだ。みずからの半生を描いた能をわざわざ天皇に見せる。なんと大胆なことだろうか。

二度目の「禁中能」は、この年四月十一、十二日に催されたが、当初の計画とは大きく変わっていた。前左大臣・近衛信輔の奇行（公家であるにもかかわらず朝鮮出兵に加わろうとした）が原因で、朝廷は大騒ぎになっていたからだ。

当初の計画では、秀吉、徳川家康をはじめとする諸大名、四座の大夫が出演することになっていた。秀吉も、満を持して〈吉野詣〉を演じるつもりでいた。しかし、信輔の件があり、大々的にするのは避けたのだろう、それは取りやめになった。代わりに、安照ら四座の大夫と暮松新九郎や下間少進《しもつましょうしん》（仲孝《なかたか》）といった秀吉お気に入りの役者が出演。〈高野参詣〉を安照、〈明智討〉を新九郎が演じた。

秀吉は、その後、五月十日に、大坂城本丸で、「禁中能」の代わりなのだろうか、〈吉野詣〉を演じている。

†初の伝記がネタ本

のちに「太閤能」と呼ばれる新作能は、最終的に十曲作られたとも伝えられている。長らく存在が確認されていたのは〈明智討〉〈柴田〉〈北条〉〈吉野詣〉〈高野参詣〉だけだったが、近年になり金春安照の末裔である金春流宗家所蔵の謡本のなかから新たに〈この花〉が発見され、合計で六曲の実在が明らかになった。

じつは、「太閤能」には、原作と思われる書物が存在する。大村由己が秀吉から命じられて記した『天正記《てんしょうき》』だ。『甫庵太閤記』に先立つ、初めての秀吉の伝記だ。伝記は、織田信長の『信長公記《しんちょうこうき》』のように、死後にまとめられるのがふつうだが、秀吉は生きているあいだにみずから作らせた。

『天正記』は、全十二巻に及ぶ。天正八年（一五八〇）一月に記された「播磨《はりま》別所記《べっしょき》」に始まり、なにか大きなできごとがあった直後に順次記されている。

由己は、「軍記読み」の先駆けであったとも見られ、『天正記』は、語るには格好の文体で書かれている。

では、「太閤能」の内容はどのようなものなのだろうか。秀吉の生涯にしたがって紹介しよう。

†事実とは違うが――〈明智討〉

〈明智討〉は、『天正記』のうちの「惟任謀反記《これとうむほんき》」をもととしている。「惟任」とは、明智《あけち》光秀《みつひで》の別姓で、いわゆる「本能寺の変」を題材としている。

毛利《もうり》攻めのため備中《びっちゅう》にいた秀吉は、信長討たるとの報を聞き、反転し大急ぎで京をめざす。途中の山崎で光秀と合戦となり、直接対決の末、みごと討ち取るという展開になっている。

しかし、これは史実とは違っている。山崎の合戦で秀吉が勝ったのは事実だが、直接対決はなく、敗れた光秀は、落ち延びる途中で、「落武者狩り」の百姓に襲われ、あっけなく命を落としたのだ。

ただ、『天正記』もそうなっているから、秀吉は、見えすいた嘘をつこうとしたのではない。華々しい戦いの場面が見どころの「斬組物」という形式をとっているため、シテの「秀吉」とワキ「光秀」の活躍を際立たせる必要があり、変えたと考えられる。

†淀君の心中は(?)――〈柴田〉

〈柴田〉は、『天正記』のうちの「柴田合戦記《しばたかっせんき》」をもととしている。史実では、光秀が討たれた後、信長の後継者争いが始まり、秀吉と織田家重臣のひとりである柴田勝家《しばたかついえ》が琵琶湖の北西・賤ヶ岳《しずがたけ》で雌雄を決することになる。この賤ヶ岳の合戦で勝家に勝った秀吉は、後継者の座に着く。

能では、尾張から来た「旅僧（ワキ）」が、賤ヶ岳の近くを通り、勝家の居城があった越前北ノ庄《えちぜんきたのしょう》（いまの福井）にある墓に着いたところから始まる。そこに「老翁（前シテ）」があらわれ、住家へ招かれる。老翁は、賤ヶ岳の合戦に破れた勝家が北ノ庄城で自害したことを教える。あまりに詳しいので、旅僧が不審に思っていると、老翁は、勝家の霊の化身であることを明かし、姿を消す。後半は、甲冑姿の勝家の霊（後シテ）があらわれ、賤ヶ岳の合戦から自害に至るまでのありさまを動きを交えて語り、最後は成仏してゆく。能の代表的な形式のひとつ「修羅物《しゅらもの》」だ。

　他の「太閤能」が、秀吉の「自画自賛」に満ちているなかで、〈柴田〉は異色だ。敵対した「勝家の霊」が、敗軍の将ではあるが、立派に描かれている。秀吉の武功を直接的に称えるわけではなく、登場もしない。はからずも争うことにはなったが、秀吉が、勝家を武将として認めていて、能のかたちを借りて供養しようとしたのかもしれない。

『甫庵太閤記』には、文禄三年（一五九四）三月十五日、大坂城本丸で、秀吉が「太閤能」五曲すべてを演じたとも取れる記述がある。このときの催しは「簾中《れんちゅう》がたへ見せ参らせられ候はんためとかや」（小瀬甫庵輯録、檜谷昭彦・江本裕校注「太閤記」、『新日本古典文学大系60』岩波書店、一九九六年）とある。「簾中」とは貴婦人のことを指す言葉。本丸の女主は正室の北政所だったが、二の丸には側室である淀君もいた。

　淀君の母は信長の妹・お市の方。お市の方は、近江《おうみ》・小谷《おだに》城の城主・浅井《あざい》長政《ながまさ》に嫁ぎ、三女をもうける。三姉妹の長女が、のちの淀君だ。長政は、信長と敵対し、敗れて自害する。落城した城からお市の方と三姉妹は救出される。信長の死後、お市の方は、勝家の元へ嫁ぎ、長女は秀吉の側室・淀君となった。お市の方は、北ノ庄城が落ちるときに勝家とともに自害し、最期を遂げている。

北政所と淀君は、犬猿の仲だったと伝えられるから、同席していたとは思えない。しかし、たとえ見ることはなくても、同じ城中で〈柴田〉が演じられていることは耳に入らないはずはない。心中は、いかばかりだったことか。

†氏政の霊――〈北条〉

〈北条〉は、『天正記』のうちの北条攻めを記した「小田原御陣《おだわらごじん》」をもととしている。京から来た禅僧が小田原にたどり着くと、そこへ老人（前シテ）があらわれ、北条氏が秀吉に攻め滅ぼされたときのようすを語る。やがて老人は、北条家の当主・氏政《うじまさ》の霊の化身であることを明かし消える。

後半は、甲冑姿で氏政の霊（後シテ）が登場。秀次や秀吉の活躍、そして氏政の最期が語られる。

〈柴田〉と同じ「修羅物」の形式だが、氏政の戦いぶりではなく、禅語が多用され、その教えによって氏政の霊が成仏してゆく点に力点が置かれている。

†同時進行のドラマ――〈吉野詣〉と〈高野参詣〉ほか

〈吉野詣〉と〈高野参詣〉は、他の曲と違って『天正記』をもととはしていない。文禄三年（一五九四）の吉野・高野山行きに合わせて創作された。同行して初演を見た人間は、同時進行のドラマのなかにいるような気分だったことだろう。

〈吉野詣〉は、秀吉が、朝廷に仕える臣下（ワキ）ら大勢を引き連れて吉野へ花見に向かう道中から始まる。桜満開の吉野に着いた一行の前に、二人の老人（前シテ・前ヅレ）があらわれ、吉野にまつわる故事を語りだす。臣下が素姓を尋ねると、老人は吉野の神の化身であることをほのめかし消える。後半は、天人（後ヅレ）が天から降り来て舞い、最後に吉野の神である「蔵王権現《ざおうごんげん》（後シテ）」が姿をあらわし、桜の一枝を秀吉に差しだし、豊臣家の繁栄を約束する。

〈高野参詣〉では、秀吉が、家臣（ワキ）をともない、大政所の供養のため、高野山へ行き、弘法大師《こうぼうだいし》（空海《くうかい》）が祀られている奥之院に参詣する。すると、高野山は「女人禁制」のはずであるにもかかわらず老女（前シテ）に出会う。不審に思っていると、老女は、高野山の成り立ちから始まり、秀吉の青巌寺《せいがんじ》建立までを語る。語り終えると、大政所の霊であることを暗示し、消えてゆく。後半は、菩薩の姿の大政所が登場。このようになれたのも秀吉の孝行のおかげと感謝し、釈迦にゆかりの舞を舞い、秀吉の長寿を祈って終わる。

〈この花〉では、秀吉が吉野へ行った後、梅の精（シテ）があらわれ、桜に比べないがしろにされていると嘆く。そこで、難波《なにわ》の梅をご神木として祀ると、天下泰平と秀吉の長寿を祝福して消えてゆく、というもの。これも元はなく、独自に作られた。

能を庇護し、絶大な権力をもっていた足利義満でさえ、みずからを主人公に能を作らせるなどとは考えもしなかっただろう。

破天荒とも思える秀吉の行動は、もちろん「自己愛」の強さもあるが、「禁中能」とともに、「権威」を高めるための戦略でもあった。

一方で秀吉は、徳川家康ら諸大名に米の拠出を割り当て、それを「大和猿楽四座」の役者に分配し、支配下に置いた。「猿楽配当米」だ。これは江戸幕府に受け継がれ、役者たちは、経済的な安定を得る。

能は、室町時代には、すでに実質的には「武家の式楽」だった。それが、江戸時代に入ると制度が整えられ、正式なものとなる。

秀吉は、その橋渡しをしたと言えるだろう。

3 かつて能は、もっと軽快だった

†佐竹義直の失態

能は、とても眠くなる。

これは、現代人にかぎったことではない。本章の描く時期より少し時代が下るが、江戸時代の秋田藩で次のようなことが起こったとわかる（藩主の事績を記した『佐竹家譜《さたけかふ》』と家老の梅津政景《うめづまさかげ》が残した『日記』による）。

寛永《かんえい》三年（一六二六）三月二十一日、初代藩主の佐竹義宣《よしのぶ》は、二代将軍徳川秀忠《ひでただ》が諸大名を集めて江戸城本丸で催した能に、弟で世嗣の義直《よしなお》をともなった。ところが、あろうことか、その最中に、義直が居眠りをしてしまう。傍に座っていた伊達政宗《だてまさむね》から、膝を押されて、そのことを教えられた義宣は、面目を失う。すぐに義直を秋田へ帰し、以前から資質に疑問をもっていたこともあり、廃嫡《はいちゃく》とし、出家させてしまう。義直は、居眠りが決定打となり、藩主の座を逃してしまったのだ。義直は、まだ十五歳の少年だったが、それでも許されなかった。

眠くなる原因のひとつには、能の進行があまりにもゆっくりであるということがある。つい眠ってしまい、慌てて目を開けても、ほとんど進んでいなかったということもある。

†表章の研究と能の「式楽」化

じつは、かつて能は、もっと軽快で、眠くなることもなかった。

戦前・戦後を通じ能の研究で知られた野々村戒三《ののむらかいぞう》は、室町時代には、一日に十二曲も演じられていたという記録に着目した。醍醐寺座主・満済の『満済准后日記』の永享《えいきょう》二年(一四三〇)四月二十三日の条には、九時間から十時間のあいだに十一曲、興福寺多聞院《たもんいん》の院主・英俊《えいしゅん》の『多聞院日記』の天正四年(一五七六)二月十日の条には、七時間弱で十二曲を演じたと記されている。

いま、能のたいがいの曲は一時間以上、長いと二時間を超えることもある。とても収まらない。さらに記録には残っていないが、間に狂言も挟まっていたはずだから、なおさらだ。

戦後、能の研究を牽引した表章《おもてあきら》は、室町時代から幕末までの能の催しの記録を調べ、時代ごとの時間の変遷をまとめている。

まず総時間と曲数が明らかな記録を選び出した。そして、総時間を曲数で割り、一曲あたりの平均値を割り出した。そのうえで、同じだけの曲をいま演じた場合の平均値で割り、何パーセントであったかを計算した。

結果は、室町時代の中期までは、いまの半分以下。それが次第に長くなり、室町時代末期から桃山時代にかけては約六〇パーセント、江戸時代の初期には七〇パーセント、中期には八〇パーセント、末期には九〇パーセントを超えるまでに近づいていることが判明した。台本となる謡本の長さにさほど変化はないから、時代を下るにしたがい、だんだんとゆっくりと演じられるようになったということになる。

その理由については、「古典化」「保守化」が原因とされるが、この根本的な原因は、社会における能の位置づけの変化が関係していると考えてよいだろう。

能が生まれた南北朝時代、支えていたのは、寺社だった。室町時代に入ると観阿弥・世阿弥親子を寵愛した足利義満に代表される将軍や大名が取って代わる。しかし、「娯楽」であることに変わりはなかった。

娯楽であるからには、楽しめなくてはならない。観ていて飽きたり、眠くなったりしない、適切な速度というものがある。

しかし、江戸時代に入ると、能は、依然として、将軍や大名にとっては、「娯楽」ではあったが、それよりも儀式のときに欠かせない「式楽《しきがく》」としての比重が高まった。これにより、庇護と同時に、細部にわたるまで統制が加えられるようになった。

†「翁付五番立」

幕府の体制が整ってきた寛永十八年（一六四一）、公式な催しである江戸城の「表能」のときの曲数も定められ、「翁付五番立《おきなつきごばんだて》」という上演形式が成立する。必ず冒頭に〈翁〉を演じ、続いて「神・男・女・狂・鬼」と言われる五種類の能を演じる。

能の曲は五種類に分類された。なぜ、この曲がここに入るのか、と思うような例外もあるが、およそ、次のような感じだ。

「脇能物」……神徳を説く。

「二番目物」……源平の武将の霊が生前の戦いを再現してみせる。

「三番目物」……優美な男女の霊や精霊が主役。

「四番目物」……狂女物に加えて、他に属さない曲を集める。

「五番目物」……鬼や魔物などが登場する。

どの曲が、どこに入るかは「曲籍」という。戸籍のようなものだ。儀式として演じる場合、「天下泰平」などを祈る〈翁〉は欠かせないが、その他は、それぞれの「曲籍」から一つひとつ選んでゆけば、自動的に多彩な番組ができあがるという便利な仕組みでもある。

演じるのは一日がかりだった。能舞台は、屋外に建っていて、もちろん、照明などあるはずもなかった。

早朝の清々しい空気のなかで神々があらわれる〈翁〉と「脇能物」が始まる。日が高くなってから華やかな「二番目物」「三番目物」から劇的な「四番目物」へと移る。そして日が傾きかけたころに、おどろおどろしい「五番目物」で終わる。自然を生かした合理的な構成だ。

✝重い曲、軽い曲

正保《しょうほ》四年（一六四七）六月には、「猿楽の徒への条約」が出され、技芸の錬磨、贅沢の禁止とあわせ、古法の遵守、申しあわせの徹底が命じられた。

古法の遵守や申しわせの徹底を重視したことは、伝統を忠実に守ることを求めると同時に、まちがいを許さない姿勢のあらわれでもあった。武家社会では、体制維持のため、儀式は作法どおりに、滞りなくおこなうことが重視された。

このころ、各家の由緒・演じることができる曲目・座衆名《ざしゅう》などを書き上げ、提出することが命じられた。寛文《かんぶん》元年（一六六一）に提出された曲目についての書き上げを見ると、観世大夫は百四曲、金春大夫は九十一曲、宝生大夫は百二十七曲、金剛大夫は九十八曲、喜多《きた》大夫は百五十一曲となっている。重複している曲もあるから、総数では二百七曲。そのうち、つねに演じられる曲は百曲ほど。現在でも、謡本には、つねに演じられている曲を集めた『百番集』というのがあるが、ほぼこれに符合する数字だ。

江戸時代の武家社会は、すべてにおいて「格」を重視し、それを整えるようになった。この影響は、武家社会のなかに組み入れられた能にもおよび、「重い」「軽い」という「位取り」によって、役や曲を格付けするようになる。

曲の「位取り」は、おおまかに主人公の動く速度とも連動している。重々しくゆっくり動く曲ほど、「重い」とされる。一般的に、老人のほうが若者より、女より男、身分が高いほど、重い。

重々しくゆっくりと動く能ほど、重視された。重い曲の最たるものは「老女物」といわれる、まさに老女を主人公とした曲。五曲あるが、〈関寺小町《せきでらこまち》〉を筆頭に〈檜垣《ひがき》〉〈姨捨《おばすて》〉は「三老女」とされ、いまも、そうそう誰でも演じるものではない。

〈関寺小町〉は、「重い」「軽い」という概念がなかった桃山時代までは、気軽に演じられていた。豊臣秀吉などは、好みだったのか、なんども演じている。

一方、軽いとされる曲には〈土蜘蛛《つちぐも》〉や〈船弁慶《ふなべんけい》〉といったわかりやすく、娯楽的要素が強い曲が並ぶ。

〈井筒〉や〈清経〉といったような優美な曲は、ゆっくり演じるのがふさわしいが、〈紅葉狩《もみじがり》〉〈船弁慶〉〈鞍馬天狗《くらまてんぐ》〉といった劇的な曲は、軽快なほうが似合う。

概して、ゆっくりとした曲は「重い」、軽快な曲は「軽い」とされている。重いとされるようになったから、ゆっくりと演じられるようになったのか、ゆっくり演じる曲が重いとされるようになったのか。「ニワトリが先か、タマゴが先か」と同じようなもので、真相はわからない。

†「復元」の試み

では、「娯楽」であった時代の能は、どんな芸態だったのだろうか。

横浜能楽堂の公演として、江戸時代以前の能の芸態の「復元」が試みられたことがある。長い間、演じられなくなっていた曲をふたたび演じるのは「復曲」と言うが、これはあくまでも現在の芸態で演じられる。それにたいし、いまも演じられている曲を昔の芸態に「復元」しようというわけだ。

「復元」といっても、もちろん、誰も観たことはないわけだから、それが正しいかどうかの判断はむずかしい。目安としたのは、先に挙げた研究の方式を使って割り出した桃山時代の〈卒都婆小町《そとばこまち》〉の上演時間だった。復元してみて、これに近ければ、完全ではないにしろ、こんな感じだったとは言えるだろう、ということだ。

現代では、〈卒都婆小町〉の上演時間は、一時間四十分弱。桃山時代の上演時間は、現在の六割強だから五十〜六十分のあいだに収めればよいことになる。

学術性を担保するため、出演者だけでなく、国文学や音楽学の研究者も加わって復元作業が進められた。

まず、どの曲を、どの時代の演じかたで復元するかの検討から始まった。いくら復元したくても、資料が残っていなければ話にならない。ある程度、資料が揃うのは、さかのぼっても桃山時代まで。しかし、能が「式楽」となる江戸時代に入る寸前だからもってこいだ。

†秀吉の見た〈卒都婆小町〉

いくつか候補の曲があったなかから最終的に〈卒都婆小町〉に決まった。現在では「三老女」に次ぐ重さの曲だが、〈関寺小町〉と同様に桃山時代までは他の曲と同じように演じられていた。江戸時代に入り、「位」という概念ができるなかで、曲がどう変化したかを見るには最適だ。

あらすじはこうだ。

かつては才ある美女として宮中でも持て囃された小野小町。しかし老女となったいまは、落ちぶれて、さすらいの身だった。

小町が、道端の朽ちた木に腰かけていると、旅の僧が通りがかり、仏法を説き、それは仏の体と同じ「卒塔婆」だから、他で休むようにと言う。しかし、仏典にも詳しい小町は反論し、みごとに論破する。驚いた僧が名を問うと、じぶんが小野小町であることを明かす。

しかし、見る見るうちに、ようすが変わってくる。小町を慕いながら思いを遂げられず死んでしまった「四位少将」の怨霊が乗り移ったのだ……。

公演のイメージは、桃山時代を代表する人物である豊臣秀吉が見た〈卒都婆小町〉を再現してみよう、というものだ。そこで公演名も「秀吉が見た『卒都婆小町』」とした。実際、公家の西洞院時慶が記した日記『時慶記』から、文禄二年(一五九三)十月十七日、豊臣秀吉が〈卒都婆小町〉を見ていたことも確認できた。

†五十数分、目標のとおり

復元作業で要になったのは、西洋音楽の作曲に当たる「節付《ふしづけ》」だった。速さが違う、ということは、「節付」も違ったはずだ。当時の謡本を付け合わせ、検討を加え、完成させた。同時に、所作や囃子については、資料があまりなかったため、シテや囃子方の想像力が頼りだった。

平成十四年（二〇〇二）十一月九日、観世流の山本順之《やまもとのぶゆき》のシテで、復元された〈卒都婆小町〉が演じられた。

終わってみたら上演時間は、五十数分。目標のとおりだった。

では、復元した能は、どのような芸態だったのだろうか。映画の早まわしのような滑稽な状態を想像してしまいがちだが、まったく違った。なんの不自然さもなく、舞台は進行していった。そのなかで、この曲がもつ劇的な魅力が浮き上がってきた。

復元したような能がよいか、あるいはいま演じられている能がよいかは、好みが分かれる。もちろん、復元したような能がよいと言ったところで、そうやすやすと後戻りできるわけではない。

いずれにせよ、芸能は、絶えることさえなければ、時代とともに、少しずつでも変化してゆく。はたして、能は、この先、どうなってゆくのだろうか……。

第三章
武家式楽の裏側

温故 東の花 第三篇 旧幕府御大礼之節町人御能拝見之図(国立劇場所蔵)

1　「犬公方」は「能公方」

†気まぐれ将軍綱吉

気まぐれな上司に悩まされるサラリーマン。昭和の時代までは、気まぐれにつきあうだけでなく、趣味まで上司に合わせなければ出世もおぼつかないと言われたものだ。

江戸時代の大名や役者も、「将軍」という上司に悩まされた。「生類憐《しょうるいあわれ》みの令」を出し、「犬公方《いぬくぼう》」と陰口を叩かれた五代将軍徳川綱吉《つなよし》は、犬だけでなく、能も偏愛した。それも、気まぐれで偏執的だからタチが悪い。大名・役者たちは、綱吉に振りまわされてクタクタだった。

江戸幕府は、早くも家康の時代に、能を儀式のときに演じる「式楽」とした。上洛して将軍宣下《せんげ》を受けた家康は、二条城で三日にわたって祝賀能を催した。これが先例となり、二代秀忠・三代家光も、それに倣った。四代家綱《いえつな》以降、将軍宣下は、勅使が下向して、江戸城で行われるようになるが、祝賀能は変わらず催された。

延宝《えんぽう》八年（一六八〇）八月二十三日に、江戸城で将軍宣下を受けた五代綱吉も、九月十八日から十月六日まで間、四日にわたり能を催した。日数も演じられる曲数も、先例を上回る盛大なものだった。

そのうえ、三日目と四日目には、「五座」の役者ではない、贔屓にしていた指田五郎左衛門《さしだごろうざえもん》という役者にシテを勤めさせた。幕府は、「大和猿楽」を源流とする観世・金春・宝生・金剛に、秀忠の代に新しくできた喜多を加え、五座を幕府の「お抱え」としていた。しかし、五郎左衛門の素姓は、よくわからない。こういった役者に晴れの場で演じさせるのは、先例や格が重んじられた江戸時代の武家社会においては異例のことだった。

これは、のちの綱吉の豊臣秀吉以来の掟破りの「能狂い」を予見させるものだった。

†露骨な宝生贔屓

綱吉は家光《いえみつ》の子で家綱の弟。当初は、将軍職を継ぐ予定もなく、上野国《こうずけのくに》館林《たてばやし》藩主として二十五万石を与えられ、「館林宰相」と呼ばれていた。

このころから能好きだったが、幕府お抱えの「五座」の筆頭である観世流ではなく、宝生流を稽古していた。

シテ方の筆頭である観世流が公的には重んじられていても、私的にはそれぞれ嗜好があり、宝生流を稽古すること自体はけっして掟破りなことではなかった。しかし将軍に就いてから、職権を濫用し序列を無視した露骨な贔屓が見られるようになる。

天和《てんな》三年（一六八三）三月二十六日、観世座の小鼓方の観世新九郎・権九郎《ごんくろう》親子が追放の処分を受けた。幕府の正史である『徳川実紀』には「二丸にて能ありし時。道成寺《どうじょうじ》の小鼓命ぜられしに。いはれざる事聞えあげしとてなり」（林述斎・成島司直他編『徳川實紀　第四編』経済雑誌社、一九〇四年）と記されているが、単なる〈道成寺〉ではない。綱吉から宝生大夫の相手をするよう命じられ断ったのだ。

これは無理もないことで、小鼓方の観世流は観世座の座付き。他の座のシテの相手などしないのが慣例だった。将軍にたいしても役者としての矜持を見せたのだろうが、相手が悪かった。

翌年三月四日、貞享《じょうきょう》への改元を名目とした恩赦がおこなわれ、新九郎・権九郎親子も許されたが、タダではすまなかった。揃って宝生座入りを強制され、姓まで「宝生」に改めさせられた。執拗ないじめにしか思えない。

もう逆らえないと観念したのだろう。新九郎・権九郎親子は、主命に従い、宝生大夫の相手をした。観世座への復帰と姓を元に戻すことを許されたのは、貞享も改まった元禄《げんろく》九年（一六九六）になってからだ。すでに権九郎の代になっていた。

†翻弄される喜多大夫家

貞享三年（一六八六）二月五日、こんどは、三世喜多大夫の喜多七太夫《しちだゆう》（宗能《むねよし》）と養子の十太夫《じゅうだゆう》が、能装束や家財道具・屋敷まで一切合切召し上げられたうえ、「江戸十里四方」からの追放処分を受けた。

親子は「アミ笠・杖」という風体で屋敷を退き、鎌倉に身を寄せた。屋敷は宝生大夫に与えられた。喜多座は解体され、役者たちも四座に割り振られた。宝生座には、経験豊富な者が優先的に割り振られたようだ。

勘気のはっきりとした理由はわからないが、『徳川実紀』には「父子ともにひが事せりとて追放《おいはな》たる」（『徳川實紀　第四編』）と記されている。「ひが事」とは、道理にかなわないこと。どのような道理だったかはわからないが、道理にかなわないことを言ったのは、むしろ綱吉のほうだったのではないだろうか。

喜多親子は、貞享四年（一六八七）五月十日、東山《ひがしやま》天皇の即位にともなう恩赦で許された。十太夫が七太夫（梅能）を襲名して四世喜多大夫となり、喜多座も復興した。六月四日の「公家衆饗応能」では、四世が能〈田村〉を演じている。

同じ日、父の宗能は、数奇な運命への岐路に立っていた。二百石取りに相当する蔵米二百俵で「廊下番」を命じられたのだ。名も士分らしく、中条嘉兵衛直景《ちゆうじようかへえなおかげ》と改めた。「廊下番」は、貞享になって新たに設けられた職で、能役者のなかから選ばれた。役目は、「奥能《おくのう》」と言われた二ノ丸御殿などでの私的な能にたずさわることで、本丸御殿の「表能《おもてのう》」や大名屋敷や寺社への御成《おなり》のときには出番はなかった。

「館林宰相」の時代に縁があったり、まわりの者の推薦があったりした役者を、どんどん召し抱え、その総数は百人近くになったと見られている。はじめは五座の役者以外が登用されたが、のちに五座の役者も次々と「廊下番」への転換を命じられる。

どこのお抱えでもない役者にとっては、士分に取り立てられたわけだから大出世と素直に喜べたかもしれないが、五座の役者にとっては迷惑な話だった。なかには、五座の役者としての家を継ぐ者がいなくなり、急遽、養子を迎えたり、それもならず途絶えてしまった場合もあった。

†中条直景の心中如何

直景は、はじめは能を演じさせせられることはなかった。せっかく、「廊下番」とされたのにもかかわらず、忘れ去られたようだった。それが、十年ほど経って、思い出したかのように頻繁に演じさせせられはじめる。これも、気まぐれな綱吉らしい。

直景は、綱吉にも増して能好きだった六代将軍家宣《いえのぶ》にも贔屓され、能役者として、一生に一度も稀な秘曲中の秘曲である〈関寺小町〉を三度も演じるほどの活躍を見せた。順調に出世もし、最終的に九百石の旗本《はたもと》、従五位下河内守となった。

しかし、家宣の将軍宣下の祝賀能はもとより、晴れの場で演じることはなかった。かつては喜多大夫だった直景の心中は、いかばかりだったことだろうか。

その後の喜多大夫も、綱吉に悩まされた。養父に代わり喜多大夫となった喜多七太夫（梅能）だったが、わずか二年で亡くなる。一族で広島藩の能大夫だった喜多権左衛門《ごんざえもん》の子である七十郎が養子に入り、十太夫の名で五世の喜多大夫となるが、八年ほど経ってまたもや士分になることを命じられる。中条市右衛門《いちえもん》と改名し、「廊下番」より格上の「次番」となったが、役目は変わらず、能を演じることだった。

しかたなく、権左衛門家を継いでいた兄が、喜多七太夫（元能）を襲名して六世喜多大夫となった。そのため、権左衛門家は廃絶することとなった。この六世も享保《きょうほう》元年（一七一六）に亡くなり、血筋では継ぐ者がおらず、町人の子を養子として七世とした。このころ、中条直景（かつての三世）はまだ健在だった。綱吉の気まぐれさえなければ、このような混乱はなかったことになる。

†「加賀宝生」の誕生

将軍の気まぐれに振りまわされたのは、役者だけではなかった。

綱吉は役者だけでなく周囲の者すべて、すなわち小姓《こしょう》や側用人《そばようにん》から大名までに能を演じさせようとした。そのため側用人の牧野成貞《まきのなりさだ》や老中の阿部正武《あべまさたけ》は、にわか稽古を始めるほどだった。

貞享三年（一六八六）四月三日、二ノ丸御殿の舞台に、紀州・尾張・水戸の「御三家」、のちに六代将軍家宣となる甲府藩主の綱豊《つなとよ》らが集まり能に興じた。将軍の身内の大名ばかりのなかに、ただひとり、外様の加賀《かが》藩主・前田綱紀《まえだつなのり》が交じり、〈桜川《さくらがわ》〉を演じた。

十数日前に、綱吉から急に申し付けられてのことだったから大名たちは大変だったろう。

とくに綱紀は、人前で能を演じるのは初めてだったようだ。このとき、すでに四十を過ぎていたにもかかわらず初めてだったところを見ると、さほど能に興味があったわけではないはず。さぞかし緊張したことだろう。

この綱紀こそ、大名のなかで最も、綱吉の「能狂い」に振りまわされたひとりだ。綱紀は、保科正之《ほしなまさゆき》（三代将軍家光の異母弟で会津《あいづ》藩祖。四代将軍家綱の輔佐役も務めた）の娘である摩《ま》須《す》姫を正室とし、綱吉が将軍になってからも御三家に準ずる処遇を受けていた。それでも綱吉の機嫌を損じないよう、ご機嫌取りに走った。

それまで加賀藩では、秀吉に続いて家康も贔屓にした金春流と、秀忠の好みに合わせた喜多流の役者を大夫として抱え、宝生流とは縁がなかった。

ところが、江戸城での能の少し前に、綱紀は素早い動きを見せる。綱吉の宝生流贔屓に合わせ、三月十一日に宝生大夫の宝生将監《しょうげん》（友春《ともはる》）を呼び、初めて目通りしたのだ。

これを契機に、金春大夫の血筋で京都住まいの竹田《たけだ》権兵衛《ごんべえ》を除き、金春流の波吉左平次《なみよしさへいじ》、喜多流の諸橋市十郎《もろはしいちじゅうろう》にたいし、宝生流への転流を命じる。

同時に、友春の庇護にも力を入れる。貞享四年（一六八七）七月に、四日間にわたって江戸は本所《ほんじょ》で催された一世一代の「勧進能」に際しては、準備金として二百両を与えた。

元禄五年（一六九二）には、友春の次男・吉之助《きちのすけ》を江戸住まいの大夫として抱える。その後、加賀は、「空から謡が降ってくる」と言われるほど能が盛んになる。同時に、日本一の大藩の絶大な庇護を受け、加賀は「加賀宝生」という言葉が生まれるほど、宝生流の一大拠点となる。吉之助はのちに「嘉内《かない》」を名乗り、その家系は大正時代に入り、宝生宗家を継ぐこととなる。

†どうにも止まらない

綱吉は、演じさせるだけでなく、みずから演じて見せるのも好んだ。年始の挨拶にはるばる下向した勅使を接待する「公家衆饗応能」でも演じた。

元禄八年（一六九五）三月十六日、綱吉に会った仁和寺《にんなじ》門跡の寛隆法親王《かんりゅうほっしんのう》は、公方の仕舞を拝見したい、と願い出た。綱吉が心酔していた護持院《ごじいん》の住職・隆光《りゅうこう》の助言である。まさに綱吉のご機嫌を取るためだった。

綱吉の「能狂い」は、はじめは江戸城内で納まっていたが、元禄に入るとそれでは止まらなくなった。御成が頻繁になり、そこで儒学の講義をしたあとに、能や舞囃子を演じるのが恒例になる。

元禄十年（一六九七）の一年だけを取ってみても、綱吉は、城内・御成《おなり》の合計五十回において、能を七十一曲、舞囃子を百五十曲以上演じている。しかし同じ曲が多く、演じることができる曲は少なかったようだ。

綱吉の実力は、ハッキリはわからないが、「素人芸」の域は出ていなかったようだ。大名たちは、うまくもない芸を見せられたそのうえに、「ありがたいものを見せていただいた」という意味で、御礼の献上品を差し出さなければならなかったのだから、まさに踏んだり蹴ったりだ。

†怪我の功名？

もうひとつ、役者たちは、綱吉に大変な目に遭わされた。めったに上演されることがない「稀曲」の上演だ。

幕府は、能を式楽、と定めて以降、シテ方の各流に、いつでも演じることができる曲を書き上げさせた。流儀によって異同があるが、合計で百七十曲あまりだった。綱吉は、そこに載っていない曲をあえて演じさせようとした。その数は貞享・元禄期だけでも四十曲以上にのぼり、五座、「廊下番」の役者を問わずの命令だった。ふだんは演じていない曲であるにもかかわらず、急に命じられることが多く、役者たちは戸惑うばかりだった。しかし、綱吉の気まぐれは、結果的に、「稀曲《ききょく》」として埋もれていた名曲を掘り起こした。そのなかには〈大原御幸《おおはらごこう》〉〈蟬丸《せみまる》〉など、いまでは、よく演じられている曲もある。

まさに「怪我の功名」だ。

2 大名になった能役者

†間部詮房

六代将軍・家宣、その後を継いだ幼い七代家継《いえつぐ》の二代にわたって側用人として仕えた間部《まなべ》詮房《あきふさ》。彼は、将軍の信任が厚いのをよいことに意のままに政治を動かしたとされ、柳沢《やなぎさわ》吉保《よしやす》、田沼意次《たぬまおきつぐ》と並ぶ、江戸幕府における「三悪人」に挙げられるほどだった。

著者不明だが、八代将軍吉宗《よしむね》の時代に流布した『文廟外記《ぶんびょうがいき》』という書物は「不義の間部」と決めつける。

此者野《の》中事ハ能《よ》キも悪敷《あしき》も尤々《もつとももつとも》トメ(ナ)リ、少にても間部ニねめられては、君ヨリツヨキトヲメ(ナ)レシなり、故ニ御小姓御小納戸《なんど》御近習番《きんじゆばん》、我モと間部ニ取入シナリ（三田村鳶魚校訂、山田清作編『未刊随筆百種　第十四　文廟外記』米山堂、一九二七～二八年）

家宣は詮房の言うがまま。少しでも睨まれては困るので、われもわれもと詮房に取り入ろうとした、というのだ。『文廟外記』は、このほかにも詮房の悪口が満載だ。

しかし、実際の間部は、家宣の下で、すぐれた知識人だった儒学者の新井《あらい》白石《はくせき》を相談役として、「生類《しようるい》憐《あわれ》みの令」を廃止するなど五代将軍・綱吉の政策を是正し、「正徳《しようとく》の治」と呼ばれる改革を進めた能吏《のうり》だった。それでいて、権力を乱用したり、私腹を肥やした風もない。

それなのに、なぜ悪評ばかりだったのか。

これは、詮房の出自が災いしている。

†甲府宰相に仕える

詮房の経歴については、幕府の正史である『徳川実紀』の享保五年九月十二日の条や江戸時代後期に編纂された大名・幕臣の諸系図集『寛政《かんせい》重修《ちょうしゅう》諸家譜《しょかふ》』の間部氏の項に詳しく記されている。

それにしたがい、家宣とのかかわりと絡めながら、詮房の経歴をまとめてみると次のようになる。

家宣は、三代将軍家光の三男で、甲斐の甲府城を居城として二十五万石を与えられ、「甲府宰相」と呼ばれていた綱重《つなしげ》の長男として生まれた。前の名を綱豊と言った。

父の綱重は、兄の四代将軍家綱が子のないままに亡くなったとき、すでにこの世を去っていた。そのため、弟である綱吉が将軍職を継いだ。

綱豊は、父同様に甲府にはおもむかず、江戸城近くの「桜田御殿」と言われた屋敷で藩政を執っていた。このときから仕えているのが、詮房の父・西田《にしだ》喜兵衛《きへえ》清貞《きよさだ》だった。そのため、詮房も、綱豊が幼いころから、小姓として仕えていた、やがて姓を「真鍋」（のちに「間部」）と改め、用人を務めるようになった。

宝永《ほうえい》元年（一七〇四）十二月、男子に恵まれなかった綱吉は、甥の綱豊を世継ぎとし、江戸城西ノ丸に入らせる。このとき綱豊は家宣と改名した。すでに四十二歳になっていた。

このとき詮房も、随従して江戸城入りして幕臣となる。

†異常な昇進

驚くべきはそのスピード出世ぶりである。

百五十俵十人扶持《ふち》だった詮房の俸禄は江戸城入り直前に廩米《りんまい》（蔵米《くらまい》）千五百俵となった。さらに西ノ丸では、西ノ丸奥番頭・書院番頭格をふりだしに、一か月も経たない宝永二年一月には西ノ丸側衆となり、三千石の知行取《ちぎようとり》となった。

それから一年後には、若年寄格で、一万石の「大名」になった。格式は、その年のうちに老中次席に上った。

江戸城に入ってから二年で、知行地（領地）もない千五百俵取から一気に「大名」にまで駆け上がったことになる。その後も、加増《かぞう》は止まらなかった。また翌年に加増され、二万石となった。

宝永六年（一七〇九）に綱吉が亡くなり、家宣が将軍の座に就くと、老中格で三万石となり、翌年には、上野《こうずけ》・高崎《たかさき》城を与えられ、ついに五万石の城持《しろもち》大名となった。

高崎は、中仙道と北陸へ向かう三国街道との分岐点に当たる交通の要衝で、代々、譜代の名門が城主を務めていた。詮房の前には、綱吉の小姓から側用人となって重用された松《まつ》平輝貞《だいらてるさだ》が封《ほう》じられていたが、越後《えちご》・村上《むらかみ》へ国替えとなった。

同じ側用人でも輝貞は名門の出。「知恵伊豆」として知られ、三代将軍家光のもとで権勢を振るった信綱の孫にあたる。『文廟外記』でも、名門の輝貞に代わって、どこの馬の骨ともわからない詮房に、この城が与えられたことについて強く憤慨している。

『徳川実紀』には、「夙夜昵近《しゆくやじつきん》して。何ひとつ御旨《ぎよし》にたがふ事なければ」（林述斎・成島司直他編『徳川實紀　第五編』経済雑誌社、一九〇四年）とある。つまり、この異例の出世に報いるため、詮房は屋敷に帰ることもなく朝から夜まで傍近くに仕え、なにひとつ家宣の意に違うことがなかった、というのだ。凄まじいばかりの忠勤ぶりがうかがえる。

老中から上がる案件も、すべて詮房の下をとおり、家宣に取り次がれた。「誰一人其右に出るものなし」と記されている。

✝素姓ははっきりしない

しかし、これほど異例の出世をしたにもかかわらず、詮房の素姓ははっきりしない。全大名の経歴と系譜が記された『続藩翰譜《ぞくはんかんぷ》』によると、間部氏は、房前《ふささき》を祖とする藤原氏北家の支流で、「塩川」の姓を名乗っていたとされる。房前は、能〈海人《あま》〉にも登場し、淡《たん》海公《かいこう》（藤原不比等《ふひと》）と海女《あま》とのあいだに生まれたとされているから「塩川」というのはもっともらしい姓だ。

先祖はのちに徳川家となる三河《みかわ》の安祥《あんじょう》松平家に仕えたが、討ち死にしたため、妻は子を連れて実家である真鍋家へ逃れ、その姓を名乗っていた。その後、詮房の祖父は「星野」を名乗り、父は「西田」と改姓した。このように、姓がコロコロ変わっているところから見ても、氏素姓が正しいわけではないと察せられる。

大名家の系譜のほとんどは、将軍家である徳川家からして粉飾されていて、あてにはならない。詮房を「成り上がり」と蔑《さげす》んでいた大名たちも、それほど由緒正しい家系ではなかったはずだ。

それでも、先祖の功績を拠りどころとする大名たちにとって、それすらもたない詮房は、身分秩序を乱す成り上がり者と見なされた。そのことが嫉妬を呼び、詮房が地位を失うと、貶《おとし》めるような風聞が流れたのだろう。

†能から摑んだ出世の糸口

では、詮房の出世の糸口は、どこにあったのだろうか。

それは能だった。

松浦静山《まつらせいざん》の『甲子夜話《かっしやわ》』続編三十二の六話には、能を介して家宣と詮房が、どうつながったかがわかる記述がある。『甲子夜話』は江戸時代後期に肥前平戸《ひぜんひらど》藩主だった静山（清《きよし》）が、隠居したのちに記した膨大な随筆である。

喜多流十世の喜多十大夫（盈親寿山《みつちかじゅざん》）が、家に伝わる話として静山に語ったところによると、次のようなことになる。

詮房の父である西田喜兵衛清貞の代から甲府藩に仕えたとされているが、これは怪しい。清貞は浪人で大坂に住んでいた、という話を聞くが、これが事実だろう。どういうきっかけかはわからないが、喜多流の門人に弟子入りし、謡の稽古をしていた。やがて、朝夕の食事にも困るほど困窮した清貞は妻と六歳の子どもを連れて江戸に出て、喜多大夫の七太夫の屋敷に転がりこむ。この子が詮房だ。居候しているうちに、子どもは成長し、謡・仕舞の稽古を始め、子方として舞台にも出るようにもなる。そこで、綱豊時代の家宣の目に止まった。

家宣は、父の後を継ぎ、「甲府宰相」として甲府藩の浜屋敷にいたころから私的な「御部屋役者」を何人も抱えているほどの能好きだった。西ノ丸に入ってからは、いちだんと激しさを増し、綱吉にも、負けずと劣らない熱中ぶりだった。

家宣に従い、詮房が西ノ丸に詰めるようになったとき、かつての師匠・喜多七太夫は、綱吉の命で、中条直景と名を変え、「廊下番頭《ろうかばんがしら》」として、本丸で「奥能」に従事する役者たちを束ねていた。

綱吉の信任が厚かった護持院の住職・隆光の『隆光僧正日記　第一』には、家宣が西ノ丸入りした翌年の宝永二年（一七〇五）二月九日には、三ノ丸で、綱吉・家宣・直景・詮房が、揃って仕舞を舞ったことが記されている。詮房にとっては、初めて江戸城内で舞ったと思われるのは、このときだ。三月一日には、綱吉の正室・信子のために能を催し、綱吉が〈白髭《しらひげ》〉〈江口〉、家宣が〈鶴亀《つるかめ》〉〈乱《みだれ》〉、詮房が〈熊坂《くまさか》〉を演じた。

家宣は将軍となると、綱吉が私的な催しである「奥能」のために能役者を士分として集めていた「廊下番」と同様に「土圭之間番《とけいのまばん》」を設けた。また、直景は、「廊下番頭」から「桐間番頭格《きりのまばんがしらかく》」に昇進し、より近く仕えるようになった。

✝新井白石の「諫言」

宝永二年から亡くなる正徳二年（一七一二）までの家宣周辺の私的な能の上演記録であ

る『御内証御能組《ごないしょうおのうぐみ》』によると、この間、詮房は数百曲も能を演じており、家宣や直景をはじめ、誰よりも多く演じている。

宝永五年（一七〇八）には、前半だけでも百曲ほど演じている。それも、能のなかで最も重いとされる「三老女」のなかでも、玄人でもそうそう演じることがない〈関寺小町〉をはじめ、〈安宅《あたか》〉〈江口〉〈鸚鵡《おうむ》小町《こまち》〉〈石橋《しやつきよう》〉〈卒都婆小町〉〈定家〉〈木賊《とくさ》〉〈檜垣〉〈乱〉など秘曲・大曲がずらりと並ぶ。その他、綱吉の好みもあり、〈稲荷〉〈湛海《たんかい》〉〈松浦《まつらの》梅《うめ》〉など珍しい曲も演じているから、玄人でさえ、大変だ。それも、昼夜分かたず側用人として家宣の傍で仕えていた合間を縫ってのことだから、とても常人では考えられない活躍ぶりだ。

詮房と二人三脚で、このころの政治を動かしていた新井白石《あらいはくせき》は、学問一筋の無粋な人間で、能には興味も、知識もなかった。そのうえ、まったく空気を読めない人間だったようだ。

白石の著書『折《おり》たく柴の記』には、将軍になる少し前の家宣にたいして「そのほどはともかくにも侯はんずらむ、彼唐《かのとう》の荘宗《そうそう》の事は、人主の鑑《かがみ》させ給ふべき御事にこそ侍れと、申せし事ども也」（今泉定介編・校訂「折たく柴の記 巻中」、『新井白石全集第三』吉川半七、一九〇六年）と諫言《かんげん》した。

「彼唐の荘宗」とは、中国五代後唐《こうとう》の初代皇帝荘宗（李存勗《りそんきょく》）のこと。みずから演じるほど演劇に傾倒した結果、国を滅ぼし、非業の死を遂げたとされる。その例を挙げ、これを「人主の鑑」として、これ以上、能に熱中するのはやめたほうがよい、というのだ。

さすがに家宣は、おもしろくなかったことだろう。しかし、それでも白石の学識を高く買っていて、その後も、遠ざけることはしなかったが、能には陪席させなかった。

これについて白石は、身から出たさびなのに、「散楽御覧の事は聞えしかど、某《それがし》を召《めさ》れし事はつひになかりき」（「折たく柴の記」）と、自分が呼ばれなかったことにたいし、拗ねたような言葉を残している。

†家宣の死、そして失脚

正徳二年（一七一二）、家宣は、将軍の座に就いてわずか四年足らずで薨《こう》じた。上の二人の子が早くに亡くなっていたため、まだ四歳の三男が後を継いだ。七代将軍家継である。家宣の遺命で幼少の将軍の補佐役となったものの、後ろ盾を失った詮房と白石の政治的立場は弱くなった。

幼い家継が能に興味をもっているはずもなく、代替わりした直後に、直景が「番頭格」を務めていた「桐間番」は廃止され、能役者を士分として集めていた「土圭之間番」も八十五人から三十五人に大幅に減員された。

これについては、詮房も異論を唱えたようすはない。能役者の士分登用は、あくまで綱吉・家宣と二代にわたる個人的な好みのためだったからだ。

その家継も、四年後の正徳六年（一七一六）に夭折《ようせつ》したため、徳川宗家の血は途絶える。紀州徳川家から吉宗が入り、八代将軍となると、「土圭之間番」は廃止され、能役者が士分として将軍の傍に仕えることはなくなった。

詮房は、側用人の職を解かれ、領地も五万石は保ったが、高崎から越後村上へ転封《てんぽう》となった。高崎には村上から松平輝貞がふたたび戻ってきた。まさに代替わりを象徴する人事だった。

詮房が亡くなった後、後を継いだ弟の詮言《あきとき》は、越前《えちぜん》・鯖江《さばえ》へと、さらに江戸から遠ざけられることとなる。それでも、「間部家」は、その地で、大名のまま明治維新を迎え、その後は子爵として華族に列せられる。

すべては、詮房が、能の子方になったのが始まりだった。

3　チャカポンの井伊直弼

†譜代のなかの譜代

井伊直弼《いいなおすけ》ほど、毀誉褒貶《きよほうへん》が激しい人物はいない。

明治時代の初期には、勅許《ちょっきょ》も得ずに独断で開国を押し進めたことが批判を浴び、西洋化が進むと開国の功労者とされ、国粋主義が台頭するとふたたび「朝敵」の汚名を浴びせられた。戦後は、「安政の大獄」で反対派を弾圧しながらも、開国を推し進めた開明的な大老、とされているといえよう。

歴史の教科書に載っている肖像は、裃《かみしも》姿で、いかめしい顔をしている。いずれにしろ、剛腕で近寄りがたく、文化的なイメージともほど遠い。しかし、その実像は、教養にあふれ、みずから能・狂言を書き上げるほどの才を見せた文人でもある。

井伊家は「徳川四天王」の一人として名を轟かせた猛将直政《なおまさ》を祖とする武門の誉れ高い

家柄である。徳川家康は、豊臣方への睨みとして直政を近江・彦根《ひこね》に封じた。以来、移封《いほう》が頻繁だった譜代大名のなかでは珍しく一度も国替えされることはなかった。また歴代の藩主は、ほとんどが大老の職に就き、石高も譜代大名のなかで最大の三十万石、江戸城中では溜間詰《たまりのまづめ》という別格の家柄だった。

埋木の青年時代

文化《ぶんか》十二年（一八一五）、直弼は、十一代藩主の直中《なおなか》の十四男として、彦根にある藩の下屋敷「槻御殿《けやきごてん》」で生まれ育った。十七歳のとき、父が亡くなると、城の中堀に面した中級藩士の屋敷が並ぶ一角にあった御用屋敷「尾末町屋敷《おすえまちやしき》」へ移り住むことになる。異母弟の直恭《なおやす》もいっしょだった。三百俵の宛行扶持《あてがいぶち》ではあったが、必要経費は藩から出ていて、実質的には、千石取りの上級藩士並みの暮らしぶりだったようだ。

これほど男子が多くては、よもや直弼に藩主の座がまわってこようとは本人も含めて誰も思っていなかっただろう。子だくさんの名門大名の通例どおり、兄弟は次々と他家へ養子に出て藩主となっていった。一度は直弼も、養子の口を求めて、直恭とともに江戸に上る。しかし、縁あって日向《ひゅうが》・延岡《のべおか》藩主の座を得たのは直恭だった（内藤家入りし政義《まさよし》と名乗る)。失意のなかで直弼はひとり、彦根に帰るのだった。

はじめ直弼は、わが身を世に出ることのない埋木になぞらえ、屋敷を「埋木舎《うもれぎのや》」と名づけたが、ただ不遇を嘆いて暮らしたわけではなかった。国学や兵学などを学ぶ一方、禅の修行をし、居合の腕を磨き、茶会を開き、歌を詠み、小鼓を打った。この多彩さが呑気に見えたのだろう、「チャカポン」と仇名されることもあった(チャ=茶、カ=歌であり、ポンは能の小鼓の音をさす)。

†奇祭に材を取る

直弼は、能〈筑摩江《つくまえ》〉と狂言〈鬼ヶ宿《おにがやど》〉を書き、〈狸腹鼓《たぬきのはらつづみ》〉を改作して〈彦根狸《ひこねだぬき》〉と通称される狂言にしているが、いつ作ったかはハッキリしていない。藩主になって以降の忙しさを考えると、「埋木舎」にいた時代のものだろう。

能・狂言は、大名にとっては必須の嗜み、役者も一目置くほどの名手であったりすることも多かった。また「名物」と言われる古い名作の能面を数多くもっていることも珍しくなかった。しかし、能や狂言を作った例は、直弼をおいてまずほかにない。

能〈筑摩江〉は、彦根藩領の琵琶湖近くにある筑摩神社を舞台としている「ご当地能」

だ。筑摩神社には、平安時代に書かれた『伊勢物語』にも登場する奇祭「鍋冠祭《なべかんむりまつり》」が伝わる。「鍋冠祭」では、若い女が、契りを結んだ男の数だけ、鍋を重ねて頭にかぶり参詣する。もし、恥ずかしさのあまり、数を偽れば、神罰が下り、鍋が割れる、とされる。

この祭りをおもしろいと思っていた直弼は、これを間狂言《あいきょうげん》として能のなかに取り入れ、筑摩神社の祭神が登場する「脇能」に仕立てた。狂言好きだった直弼らしい着想だ。他の曲と比べると、「間狂言」の部分が長い。熱心に書きこんだようすがうかがえる。

直弼直筆の草稿が、彦根城博物館に所蔵されているが、節付はされておらず、推敲《すいこう》の跡が残っていることなどから見ても、能として上演する予定は、まだなかったようだ。ありあまるほど時間があった「埋木舎」にいたときに、手なぐさみに、思いつくままに書き記したのだろう。

物語は、時の天皇に仕える臣下（ワキ）が、馬に乗って筑摩神社へ参詣に向かっているところから始まる。琵琶湖の岸の景色のよい松原でひと休みしていると、沖から小舟に乗った巫女（前シテ）があらわれる。巫女は、きょうは筑摩神社で特別な神事があり、ほうぼうから参詣者が来るので、案内に出たと話す。臣下は、巫女にうながされて舟に乗り、神社に着く。巫女は、そこで創建のいわれを語る。あまりに詳しいので、不審に思った臣下が、何者か問うと答えず、夜神楽のときまで待つように告げて消える。臣下が、社殿のなかに入って待っていると、神職（アイ）があらわれ、「鍋冠祭」のいわれを語り、これから始まることを告げる。すると、頭に鍋を重ねた女たち（アイ）があらわれ、にぎやかに「鍋冠祭」がくりひろげられる。

女たちが消えると、鈴の音が聞こえ、眩しい光に覆われて、祭神である三神があらわれる。「大歳《おおとし》の神」「宇賀《うか》の稲倉魂《みたま》の神」が舞いはじめ、終わると、ちょうど、夜神楽の時刻になった。最後に、女神である「御食津《みけつ》の神」が、神楽を舞う。

謡には、臣下が筑摩神社に参詣に行く理由として〽筑摩の明神は霊神にて渡らせ給ひ殊に上代の風俗今に残れる由　承り及び候に、とある。「上代の風俗」とは「鍋冠祭」のこと。このことからも、臣下は、古くから続く「鍋冠祭」が目当てだったことがわかる。領内の奇祭に焦点を当てて能を作りたいという直弼の「地元愛」を感じさせる。

†伝世の古面から

井伊家には、かつて「鬼ヶ宿《やど》」の銘が入った古い能面が伝わっていた。直弼は、この面を狂言に使うことを思い立ち、能〈安達原《あだちがはら》〉（観世での名称。他流派では〈黒塚《くろづか》〉）を下敷きに、

〈鬼ヶ宿〉を書いた。彦根城博物館に所蔵されている直弼直筆の草稿では「安達女」となっているが、お抱えだった大蔵流の茂山千五郎《しげやませんごろう》家の当主・正虎《まさとら》に与えられ、〈鬼ヶ宿〉の名で、この家固有の秘曲として伝わっている。

主人公の太郎は、フッと思い立ち、久しぶりに安達ヶ原の女の家を訪ねる。つれない太郎に、女は、すでに愛想を尽かしていたが、しかたなく家に上げる。太郎は、そんな気も知らず、酒を出すように言う。女は、切らしているので、酒屋まで買いに行ってほしいと頼んだうえで、最近、途中に鬼が出るから気をつけるように言う。じつは、鬼が出るというのはウソで、太郎に長居をされないように一計を案じたのだった。女は、太郎が行っている間に、鬼の面を付け、着物をかぶって待つ。酒屋で、すでに一杯ひっかけてきた太郎は、ほろ酔いかげんで帰ってくる。家で、飲み、舞い謡い、気分が上々になってきたところで、突然、女が着物を取り、鬼の姿であらわれる。本物の鬼と思いこんだ太郎は、肝をつぶし大慌てで逃げていく。

太郎が、女の元を訪ねる道々の描写は、能にもなっている『源氏物語』の「夕顔の巻」を思い起こさせる。狂言に、わざわざ「本歌《ほんか》」を踏まえなければわからない描写をまぎれこませているのは、名門の大名家に生まれ、豊かな教養を身に付けた直弼ならではの知的な遊び心だ。

†十代藩主以降

江戸時代、はじめから能が盛んだったのは、前田家の加賀藩や伊達家の仙台藩に代表されるような外様の大藩が主だった。

それには政治的な理由もある。武ではなく文に力を注ぎ、財力も武器ではなく能面・装束に費やしているところを見せる。それは幕府にたいし、謀反《むほん》の企みがないことを示すためだった。

将軍の信頼厚く、つねに幕閣の中枢にいた井伊家に、その必要はなかった。城の本丸御殿の一角には能舞台が設けられていたものの、それは座敷の一部を臨時で能舞台とする「式舞台」だったし、お抱え役者は一時的にいたことがあるだけ。それも無類の能好きだった将軍綱吉に合わせてのことである。お世辞にも能が盛んな藩とは言いがたかった。

歴代藩主のなかで、初めて個人的に能を好んだと見られるのは、江戸時代後期、十代藩主の直幸《なおひで》だ。能を催した記録が急に増え、みずからも舞台に立っている。

直弼の父である十一代藩主・直中の時代になると、それが一気に加速する。寛政《かんせい》十一年

（一七九九）には、十世喜多大夫の喜多十太夫（盈親寿山）の甥に当たる喜多織衛《おりえ》ら七人を抱え、その後、役者の人数を増やしている。翌年には、本丸の表御殿に本格的な能舞台を建てさせる。

文化九年（一八一二）に隠居した直中は、一年後、隠居所の槻御殿にも新たに能舞台を建てた。このことからも、直中が役者を抱えたのは、格式を保つためや外様大名のように必要に迫られたものではなく、みずからの好みだったことがわかる。

†面倒だから仕へるなと言ふのです

彦根藩では直中から能愛好が定着する。彦根藩の「能役者由緒帳」によると、直弼の兄である十二代藩主・直亮《なおあき》の時代、天保《てんぽう》十三年（一八四二）十月には、京都在住の大蔵流の狂言方・茂山千五郎（正虎）が、十五両五人扶持、稽古料五両で召し抱えられたことが記されている。

正虎の三男で後を継いだ正重《まさしげ》（十世千五郎）は、雑誌『能』のなかで、父から聞いた「お抱え」となったときの逸話を語っている（茂山千作「藝談・井伊大老と千五郎」）。井伊家から話がきたので、役者仲間に相談したところ、面倒だから仕へるなと言ふのです。といふのは、井伊侯はこの道には玄人で、一切がやかましかつた。（三宅襄編集『能』一巻六号能楽協会雑誌部、一九四七年六月）

正重は「井伊侯」を直弼のこととしているが、これは勘違いで、抱えられた時代を考えれば、直亮のことだが、よくも悪くもツウだったようだ。直弼も、そんななかで育ち、自然と能の素養が身に付いていた。

†境遇激変

弘化《こうか》三年（一八四六）一月、直弼の境遇が、突如として激変する。直亮の弟で養嗣子だった直元《なおもと》が亡くなり、さらに下の弟で、どこにも養子に出ることができず残っていた直弼が江戸に呼び出され、二月には世継ぎとなったのだ。

世継ぎとなった直弼には、もう能・狂言を一から作るような時間はなかった。この年の五月、領内にある浄土真宗本願寺派・福田寺《ふくでんじ》の住職で「埋木舎」時代から親しくしていた僧の本寛《ほんがく》にあてた書状にも、せっかく、歌を送ってもらったにもかかわらず、多忙のため返すことができず、「風流の心もとり失ひ申候、さて〱御恥しく存入候《ぞんじいりそうろう》」（山口宗之『井伊直弼』ぺりかん社、一九九四年）と記している。

四年後の嘉永《かえい》三年（一八五〇）、直亮が亡くなり、十一月に、直弼は十二代藩主となる。さらに八年後には大老に任じられ、多忙を極めるようになる。

それでも、直弼は能・狂言への関心は失ってはいなかった。長く演じられておらず、かつて自分が手を入れてみた狂言〈狸腹鼓〉を千五郎に演じさせようと考えた。

†直弼作の初演は……

〈狸腹鼓〉の作者は、三世喜多大夫の喜多七太夫（宗能）とされる。井伊家お抱えの狂言方・大蔵流では演じない曲だった類曲の〈釣狐《つりぎつね》〉があるのでいらない、と家元は復曲に難色を示した。狂言では類曲は珍しくない。たんに家元の権威を見せつけたかっただけだろう。直弼は〈狸腹鼓〉を喜多家から井伊家に献上された曲というかたちにして、家元の口出しを押さえ、嘉永五年（一八五二）に上演に漕ぎ着けた。剛腕政治家らしいみごとな政治的知恵だ。

その後、曲は茂山家に与えられ、実質的には同家固有のものとなり、今日では大蔵流で最も重い曲とされている。和泉《いずみ》流では、加賀藩お抱えの三宅藤九郎《みやけとうくろう》家に〈狸腹鼓〉が伝わり〈加賀狸〉という俗称があるのにたいし、茂山家のほうは〈彦根狸〉と呼ばれている。

万延《まんえん》元（一八六〇）年三月三日、雪の朝、直弼は江戸城への登城途中、桜田門外で水戸浪士や薩摩藩士らに襲撃され亡くなる。いわゆる「桜田門外の変」だ。享年四十六。

その数日前、〈鬼ヶ宿〉が初めて演じられている。〈筑摩江〉が初めて演じられたのは、さらに百五十年後の平成十九年（二〇〇七）。みずから開港した横浜でだった。

4　熊さん、八っつぁんの能見物

†いざ、千代田のお城へ

幕末・明治を生きた鬼才の画家・河鍋暁斎《かわなべきょうさい》が描いた浮世絵に、「東海道名所之内　御能拝《おのうはい》見《けん》」という三枚綴りがある。

その一枚目、「朝番」では、夜が明けはじめたころ、落語に出てくる熊さん・八っつぁんのような江戸の町人たちの一団が、「天下泰平」の文字が書かれた幟を高々と掲げ、にぎやかに出かけようとしている。

暁斎らしい自由闊達な筆致で、まるで声が聞こえてきそうだ。

上部の江戸城の遠景は風景画を得意とした二代歌川広重《うたがわひろしげ》、右三分の一ほどの二階屋から遊女たちが町人たちを見下ろしている部分は人気絵師の歌川芳虎《よしとら》が描いた。さほど大きくもない浮世絵を珍しく三人で合作している。

この絵に描かれている町人たちは、こんな朝早くから、いったいどこへ行くのだろうか……。めざす先は千代田のお城、すなわち江戸城内である。この日、本丸御殿の能舞台で演じられる能を見るためなのだ。

†「町入能」

江戸時代に入ると、能は「武家の式楽」となり、幕府や大藩の儀式では付き物となった。同時に、将軍の御成、老中への接待、大名間の社交と、能は武家の生活に欠かせないものとなり、江戸城や大名屋敷では、盛んに能が催された。

そんな将軍や大名の世界など、町人たちにとっては別世界。ふだんは、そのなかでどんなことがおこなわれているか、知る由もなかったが、大っぴらに覗ける機会がまれにあった。

江戸城内には、本丸表御殿をはじめ、いくつもの能舞台が設けられ、将軍宣下・婚儀・世継ぎ誕生・元服など、ことあるごとに能が催された。

こういった慶事の際は、「喜びを万民と分かち合う」ということから、初日にかぎり、町人を招き入れて見物を許した。これを「町入能《まちいりのう》」という。江戸開府当時から存在し、「古町《こちょう》」と呼ばれていた三百八十五町に住む町人たちだけに与えられた特権だった。

明治時代に、衰退していた能の復興に尽くした池内信嘉《いけのうちのぶよし》が記した『能楽盛衰記』には、「町入能」に実際に参加したことがある老人と、最後の宝生大夫である宝生九郎の回顧談が載っている。それをまとめてみると、「町入能」は、次のようなようすだった。

①江戸町奉行所を通じ、各町内に人数が割り当てられ、行く人間が決められる。本人以外は堅く禁じられていたが、実際には代わりを行かせる者もいた。前日には、城のなかに入るときに必要な木製の鑑札《かんさつ》が配られた。

②人数は、朝・昼の二交代で、総勢五千人あまり。どの町が昼か夜かは決まっていた。「朝番」は、町名主に引き連れられて町を出て、午前四時には大手門前の広場に並ん

で開門を待った。袴に肩衣を付ける定めだったが、そんなものをもっていない者もいたのだろう、いいかげんなもので、古着の肩衣《かたぎぬ》の紙に描いた紋を貼りつけたりしていても、止められることはなく、鷹揚《おうよう》なものだった。

③六時になると、雪崩を打つようにして城内に入り、途中で雨のときの用心のため、傘を一本ずつ渡された。

④町人たちは、先に進むと鑑札の検査を受けて、広間前にたどり着く。

†「白洲」にすし詰め

浮世絵「御能拝見」綴りの二枚目は、江戸城の能舞台で演じられている能を見る町人たちのようすを暁斎がひとりで描いている。

江戸時代まで、能舞台は屋外にあった。江戸城本丸御殿にあった能舞台も、独立した建物として建っていて、白い石が敷き詰められた「白洲《しらす》」を挟んだ広間が「見所《けんしょ》」と言われる見物席だった。しかし、ここに座っているのは、将軍と大名たちだ。

町人が見るのは、ふだんは人のいない「白洲」。それも将軍や大名の邪魔にならないように、正面は避けられ、舞台に向かって左側、「脇正面」と言われる部分の「白洲」にかぎられていた。

そこに、すし詰め状態で押しこまれるわけである。慣れている者のなかには、こっそり紙や座布団をもちこむ者もいた。押し合いへし合いしながら、立ちっぱなしの状態で半日あまり。舞台でなにをやっているかさえわからなかったはずだ。

それでも、にぎやかなことが好きな江戸っ子たち。ふだんは近寄ることもできない公方さまのお城の御殿に、庭とはいえ入ることができたから、祭りのような気分だったことだろう。

演じている最中も、大声で町奉行をからかったり、御簾《みす》が上がって将軍の姿が見えると「親玉っ」と声をかけたり、町人たちは、勝手きままだったが、このときばかりは「無礼講」で、役人たちから咎められることもなかった。

†糞尿残す不届き者も

能が三曲終わると、「昼番」と交代となる。

便所はなく、水のもちこみさえ禁じられていた。町人たちが去った後は、糞尿が残っていたり、なかに溜まっていた雨水を呑むため柵の竹が引き抜かれていたり、荒れ放題だった。それでも、「昼番」が入るまでには、役人たちの手によって、きっちりと元に戻されていた。

能を見終わった町人たちには、帰りに、紙に包まれた菓子と素焼きの盃が渡された。酒が入った錫の瓶も並んでいて、盃を取り出し、一杯やることができた。ひとりで二杯、三杯と飲む者もいて、そのあおりで一杯もありつけない者も出て、喧嘩沙汰になることもあった。

傘・菓子・酒だけではない。あとで、町名主を通じ、各自に銭一貫文（一文銭千枚）が配られたから、至れり尽くせりだ。

浮世絵綴りの三枚目「昼番」の上半分には、暁斎の筆で、家路に着く町人たちが描かれている。

出かけるときほど勢いは感じられないが、それでもにぎやかそうだ。背景の江戸城は、影になっていて、町人たちは、いくつもの提灯を高々と掲げている。もうすっかり日は暮れている。

下半分は、歌川芳虎によって、町人たちの夢想なのだろう、能が終わり、盃《さかずき》を手に大奥でくつろいでいる将軍と思しき人物が描かれている。能は一日がかり。将軍もさぞかし疲れたことだろう。

†「勧進能」

もうひとつ、江戸の町人が、能を楽しんでいたようすがわかる絵がある。幕末の江戸で神田雉子町《かんだきじちょう》の名主を務め、『江戸名所図会《えどめいしょずえ》』『武江年表《ぶこうねんぴょう》』をまとめたことでも名高い斎藤月岑《さいとうげっしん》が描いた二巻からなる「弘化勧進能絵巻《こうかかんじんのうえまき》」だ。

能の興行は、室町時代から寺社の再建や修理を名目とした「勧進能」として催された。江戸時代に入っても、興行にたいする規制も緩かった京・大坂では、依然として「勧進能」や「勧進狂言」が盛んだった。お抱えでない者もいて役者が集めやすく、懐が豊かな町人も多かった京・大坂は、興行には最適の環境だった。

しかし、政治都市であった江戸では、治安維持の観点から、不特定多数が集まる興行は厳しく規制されていた。「勧進能」も、五座の大夫の特権として一世一代にかぎり許されるだけだった。実際に催されたのは、二百六十年あまりの間に、合計で十七回ほどしかない。

その最後を飾ると同時に、最も華やかだったと言われるのが、絵巻に描かれた幕末の

「弘化勧進能」である。弘化五年（一八四八）二月上旬から五月中旬にかけ、晴天十五日間にわたり催された

十五代宝生大夫の宝生弥五郎《やごろう》（友于《ともゆき》）が願い出て、能装束を扱う「装束師」だった関岡《せきおか》長右衛門《ちょうえもん》が、金銭面を仕切る「元方」を務めた。

このときの記録は、絵巻だけでなく、さまざまなかたちで残っている。これらの史料をもとに、見物のようすをたどってみよう。

†敷地は二千坪以上

一世一代の「勧進能」は、なかば幕府の公式行事に等しかった。催されることが決まると、すぐに町奉行を通じ、各町に割り当てられ、経費が集められた。弘化のときは、総額三千両に及んだ。これと引き換えに、見物に必要な木札が渡された。つまり、強制的に前売券を買わされるようなものだ。「町入能」と違い、無料ではなかった。

江戸城の外堀に当たる神田川に架かる筋違橋門《すじかいばしもん》の外側には、火事の延焼を防ぐ火除け地として広場が設けられていた。始終、大火があった江戸の町には、あちこちに、こういった火除け地があった。

この広場に、屋根もある檜造りの舞台が造られ、そのまわりをグルッと見所（見物席）が取り囲んだ。敷地は二千坪以上もあり、建物は、大きさといい、立派さといい、とても「仮設」とは思えない代物だった。

広場に近づくと、能舞台と見所を丸ごと囲んだ二階建ての大きな建物が見えてくる。正面に、一段と高く紫の生地に宝生家の「九本矢車」の定紋を染めた布をめぐらした櫓《やぐら》が見える。その向かって右手下が、一般の武士や町人が入る「畳場《たたみば》」の入り口。左手下には将軍や大名が通る「御大名門」がある。そこを潜ると桟敷の入り口にたどり着く。ＶＩＰ専用の導線だ。

舞台を取り囲むようにして、見所が設けられていて、多いときには一日五千人近くが入った。前のほうは「畳場」と言われた指定席。畳敷きの桝席になっていた。その後ろが「入込場《いりこみば》」と言われる板張りの自由席だ。さらに、「入込場」の後方には、二階建てで屋根も付いた「桟敷」が建っていた。ここは、大名の席で、家紋を染めた幔幕《まんまく》が張られ、後ろには金屛風が立てられていた。正面の真ん中の二階は、「将軍家御覧所」、つまり将軍専用の桟敷だ。ここだけは、他の桟敷より広かった。両側より一段高い唐破風《からはふ》の屋根が付き、御簾《みす》が下がり、紫の幔幕もかけられていた、その下の桟敷には、所管している北と南の町奉行が毎日交代で詰めていた。

「畳場」や「入込場」には、武士や百姓・町人もいて衣服はさまざま。「桟敷」に座る大名や家来たちは、袴に肩衣を付けた「半裃《はんがみしも》」で座っていた。

飲み食い自由の騒々しさ

では、場内は、どういうようすだったのだろうか。

「畳場」や「入込場」は、舞台そっちのけで、お祭りのような大騒ぎだった。酒をたらふく飲んで寝こんでいる男もいれば、御殿女中の品定めをして野次を飛ばす行儀の悪い男、大きな体が邪魔で見えないと大声で文句を言う男もいた。それはそれは騒々しかった。とても落ち着いて能を見ている状態ではなかった。

「町入能」と比べ、「勧進能」は興行だったからおおらかだった。芝居や相撲の見物と同じように飲み食いも自由だった。弁当・寿司・菓子・果物・酒や刺身などの酒の肴も売られ、屏風・毛氈《もうせん》・火鉢・煙草盆などの貸し出しまであった。

明治時代の雑誌『能楽』に、元尾張藩士の平野《ひらの》知貞《ともさだ》による「勧進能見物記」という体験談が載っている。要約すると次のような内容だ。

ある日、当日売りの木札を買おうと思って行ったが、札止めだった。しかたなく近くの茶屋で休んでいると、能の途中で出てきた三人連れの町人が入ってきた。町人たちが、「いままで見ていたがサッパリわからず、暑さは暑し大苦しみをした」と話しているところに、これから行こうという知り合いの男が通りがかった。町人たちは声をかけ、おもしろくないから「よせよせ」と言う。それを聞いた男は思いなおし、私に木札を譲り、芝居見物に行ってしまった。

江戸時代には、木版の印刷技術が発達し、大量の謡本が出版された。寺子屋でも、謡の一節を教えるようにもなっていた。しかし、落語の「大家さん」「店の御主人」といった町人なら謡は謡え、能もある程度は理解していたかもしれないが、「熊さん、八っつぁん」までというわけではなかった。めったに見ることができない、ということから興味半分で来たのだから騒々しかったのも無理はない。

第四章

能の近代

青山仮皇居御能ノ図（早稲田大学図書館所蔵）

1　能の「御一新」

†静岡へ下った観世大夫

明治維新を迎えたとき、幕府「お抱え」の五座の役者は二百数十人。全国の藩には、総勢でその数倍もの能役者がいたと推測される。

あれよあれよと言う間に、幕府も藩もなくなり、それまで長い間、安泰だった能役者たちの暮らしは一転する。赤坂にあった溜池の渡し守になる者、新政府に巡査として採用された者、牛を飼い牛乳屋になった者……。誰もが必死になって他に食い扶持を求めた。新聞には、生活苦から能役者が娘を身売りした、という記事も載った。

では、五座の役者を率いていた大夫たちは、どうしたのだろうか?

慶応三年（一八六七）十月の「大政奉還」によって、江戸幕府は崩壊した。翌年の五月、駿河《するが》・遠江《とおとうみ》など合わせて七十万石の府中（駿府）藩が立藩され、かつての徳川将軍家は一大名となった。

五座の筆頭・観世大夫として役者たちの頂点にいた観世清孝《きよたか》は、二十人扶持、配当米二百五十六石を与えられていた。その他にも、稽古の謝礼・免状料など、さまざまな収入があったはずで、かなり裕福な生活だった。京橋弓町《きょうばしゆみちょう》に貸地を合わせるとおよそ五百二十四坪、能舞台もある拝領屋敷があった。能の大夫の屋敷の門には、両開きの大扉の両側に片開きの扉が付いていた。これは、本来は大名・旗本にしか許されない格式だった。

大坂の観世流の役者・大西閑雪《おおにしかんせつ》は、清孝の元へ修業に上がり、初めて御目見《おめみえ》したときのことを次のように語っている。

三間ある室の一番奥に大夫が坐つてゐて、閑雪は手前の三ツ目の室に畏つて待つてゐると、間の襖《ふすま》がスーツと開いて、大夫の声で「よう来た」と一言、「ハアツ」と頭を下げてゐる間に襖は元の通に閉つて、大夫の顔も姿も見ないうちにお目見得は済んでしまつた。芝居で見るお大名そのまゝだつた。（観世左近『能楽随想』河出書房、一九三九年）

明治二年（一八六九）三月、清孝は、新政府から拝領屋敷を明け渡すよう命じられ、亀《かめ》戸《いど》へ移る。

この年の六月、府中藩は静岡藩へと名が変わり、直後におこなわれた版籍奉還の結果、藩知事となった徳川家当主の家達《いえさと》は、八月に府中（静岡）へ入る。

静岡藩は「人は多い割に禄が少ない」ことを理由に、移住する人数を、極力減らそうとしていた。どうしても、という者は無禄を覚悟せよ——という達《たつし》が出していた。しかし、能役者は、芸しか取り柄がなく足手まといになると見られたのか、それさえ許されなかった。

それでも、五座の筆頭として恩顧を感じていたのだろう、清孝は、周囲が止めるのも聞かず、妻のかつ子と跡取り息子で二歳の鋠之助《しんのすけ》（のちの二十三世観世宗家・清廉《きよかど》）らとともに静岡へ向かう。

静岡に着いてからも、東京へ戻るよう説得されたが、一途な清孝は応ぜず、「お家と共に倒れますの一点張り」だったという。根負けしたのだろう、勝海舟《かつかいしゅう》や山岡鉄舟《やまおかてっしゅう》らが話し合い、藩士に加えられることになり、「観世三十郎」を名乗った。

†困窮のきわみ

俸禄は支給されたが、わずかばかりで、生活は苦しかった。「贅沢に暮して居つて銭勘定さへ知らぬくらゐのものが、俄に鼻糞程の御扶持で暮すのですから、一本の鰹節を削るやうなもので減る一方」だったと、清廉は回想している（池内信嘉『復刻・増補版　能楽盛衰記下巻　東京の能』東京創元社、一九九二年）。

静岡へ行って二年目の明治三年（一八七〇）の秋、この状況を一気に打開しようと清孝は賭けに出る。土地の人間に勧められ、能の興行で稼ごうと目論んだのだ。しかし秋の長雨で興行が打てず、五十日あまりも役者たちにムダ飯を食わせることになった。かつ子は回想し、愚痴をこぼしている。

蓄へは申すまでもない事、能装束まで売払はなければならない事になりました。其の時、私達夫婦して、どうしても面と小道具は売るまい、これまでも売らなければならな場合となったら、いつそ火を付けて焼いてしまつて一緒に死ぬ事にしようとまで決心しました。

後で人の噂を聞けば、少しは金や品物を持つてゐる事を土地の興行師連が聞き知つて、其の巻き上げ策に、秋の雨の多い土地といふ事を知りながら勧めてやらされたので、まんまと手に乗つたのだといふ人もありました。（『復刻・増補版 能楽盛衰記 下巻 東京の能』）

清孝の苦労は報われないまま、明治四年（一八七一）七月、廃藩置県が断行され、静岡藩は廃藩となり、主君の家達も帰京する。忠義立てする相手がいなくなったのだから、もうそこに残る理由はなかったはずだが、それでも清孝は家族とともに静岡にとどまった。すぐ戻っても生計を立てるアテがなかったからだろう。

清孝が、東京へ戻ったのは明治八年（一八七五）になってから。ひとまず、湯島天神下にあった知人の屋敷に居候させてもらうことになった。

戻ってからも苦労は続く。清孝が留守にしているあいだ、観世流の名門である梅若《うめわか》家の当主の六郎（初世梅若實《うめわかみのる》）は、東京にとどまって奮闘していた。その結果、東京で「観世流といえば梅若」という状態にまでなっていた。その状況のなか、帰京した清孝に居場所はなく、その後も、しばらく苦労は続いた。

†大和の金春大夫

幕末維新の混乱時、五座の役者のほとんどが江戸に残っているなか、金春大夫・金春広成《ひろしげ》の姿は奈良にあった。いったいなぜ奈良にいたのだろうか？

他の座と違い、金春座に属する有力な役者には、扶持米や配当米のほかに、奈良に知行《ちぎょう》地（領地）も与えられていた。これは金春座が豊臣秀吉に贔屓にされた時代の先例を徳川幕府が踏襲したことによる。豊臣家を滅亡に追いやり成立した徳川幕府だったが、こと能の世界を見ると、秀吉時代の先例を受け継いでいることは多い。

広成も、十八人扶持米と新橋南大坂町《しんばしみなみおおさかちょう》の拝領屋敷（いまの銀座八丁目界隈、金春通りにその名が残る）のほかに、大和国添上郡《そえかみ》中ノ川村（いまの奈良市東部の一角）に三百石の知行地があった。興福寺に近い一等地の大豆山町《まめやまちょう》には、千坪以上の大きな屋敷もあった。もちろん舞台もあったが、見所は三段の間になっていて、下段が広い縁側、中段が広間で、上段の間は豊臣秀吉も訪れたといわれる立派なものだった。

広成は混乱する江戸を避け、自らの知行地に戻って形勢をみようとしたのだろう。金春大夫には、他にも大きな特権があった。藩札《はんさつ》の発行が認められていたのだ。

藩札とは、幕府が発行する貨幣とは別に、各藩の領内だけで通用する紙幣のことである。大名家だけが発行したと思われがちだが旗本や寺社なども発行しており、それらも広く「藩札」と称する。それぞれ金や銀に交換できる金札・銀札があった。主に、金札は関東、銀札は関西の諸藩で用いられていた。

奈良では、春日興福寺などにも発行が認められていた。また、金春大夫が発行する紙幣は「金春札」と呼ばれ、知行地のなかにかぎらず広く奈良一円で流通していた。

藩札は金や銀に交換できるのが原則であるが、通常、あえて交換する人はいない。しかし、政情・社会不安が起こり、発行元にたいする信用が著しく低下すると、安全資産である金や銀に交換しようとする人が殺到することになる。現代における銀行への取り付け騒ぎに似た構図だ。

†取り付け騒ぎに巻きこまれて

この取り付け騒ぎに、広成も巻きこまれる。

慶応《けいおう》四年(一八六八)一月三日、大坂から京へ向かって進軍していた幕府軍が、薩摩軍と衝突する。「鳥羽・伏見の戦い」である。敗れた幕府軍が落ち延びてきて、奈良は騒然となった。不安に駆られた人びとが「金春札」を銀に交換しようと、屋敷に押し寄せた。
このときのようすを目撃した金春座の小鼓方の大蔵繁次郎《おおくらしげじろう》は、次のように証言している。

表門を鎖して人を入れず、窃《ひそ》かに裏の漢国町の念仏寺といふ檀那寺へ、大切な品物を塀越しに送り、大夫初め家族の者も共に寺内に隠れ、然る後門を開いて人を入れたのでしたが、其の時の有様といつたら実に狼藉極《ろうぜききわま》つたことで、蔵の戸を開いて残してある道具類を取出すやら、中には米を取り出して炊き出すもあり、舞台の上で大火鉢に火を起し鏡餅を割つて焼いて食つてゐるもあり、大夫を出せよと叫んでゐるもあり、浮かと出たら叩き殺されもしかねぬ勢いでしたから、一時は忍び隠れてゐて、少し鎮まつて後、金になるやうな品物は多く大阪へ出して売払ひ、銀札の両替の代としました。(『復刻・増補版 能楽盛衰記 下巻』)

落ち延びてきた幕府軍の体《てい》たらくを目の当たりにしたせいか、広成が幕府を見かぎるのは、誰よりも早かった。「鳥羽・伏見の戦い」の翌月には京へ出て、新政府へ献金したいと願い出ている。

四月には、幕府から知行地を与えられたことを示す「判物《はんもつ》」を上納した。これは新政府にたいし、恭順の意をあらわしたものだ。

†「春日御役者」の意味

六月になり、広成は、金春座の小鼓方である幸四郎次郎、狂言方の大蔵弥太郎とともに、新政府にたいして二百両を献金している。

金春流宗家に残る、このとき新政府が出した領収書は、「春日御役者」という宛名になっている。広成は神仏習合の「春日興福寺」付きの役者なのであり、「幕府とは関係ない」というお墨付きを新政府が与えたようなものだ。

献金の効果なのか、広成らは、従来どおり、知行地の支配を認められた。

金春座は、前身である円満井《えんまんい》座の時代から、「南都両神事猿楽」と総称された十一月の「春日若宮祭」と二月の「興福寺薪猿楽」で演じられる能で、中心的な役割をはたしていた。広成も「南都両神事猿楽」に出るためもあり、江戸と奈良とを行ったり来たりしていた。

広成が奈良に帰った理由のひとつは、春日興福寺の経済的庇護があれば、なんとか食べていけるという思惑もあってのことだろう。

明治になると、すぐに出された神仏分離令によって、春日興福寺は、春日神社と興福寺に分かれた。明治二、三年（一八六九、七〇）の「興福寺薪猿楽」は、興福寺の祭礼として催され、広成が取り仕切った。江戸時代、奈良にかぎって、「年預《ねんよ》」と呼ばれる半玄人役者が〈翁〉を演じていたが、この役割も兼ねた。その結果、長年の「年預」の伝統が消えるという余波もあった。

†世のなか、そううまくはいかない

しかし、その後は、広成の思惑どおりには、ことは進まなかった。

明治四年（一八七一）一月、大名並みの二万一千石もあった春日社と興福寺の知行地（所領）が、「上知令《じょうちれい》」によって新政府に没収された。興福寺は、経済的に立ち行かなくなり、「薪猿楽」も途絶えた。

この時期の広成ら「春日御役者」の処遇について、奈良県が新政府にたいして出した伺《うかがい》が、『公文録・奈良県の部』に残っている。

伺は、太政官で庶務を担当する弁官から民部省に回された。民部省は「朝廷御祭典式《ちょうていごさいてんしき》ニ関係《かんけい》無之《これなき》ニ付《つき》有用之《ゆうようの》職務《しょくむ》ニ無之候《これなくそうろう》」（倉田喜弘編『明治の能楽（一）』日本芸術文化振興会、一九九四年）として、特別待遇する必要はないとし、他の幕府の「お抱え」だった能役者などにたいする処遇の例を挙げた。そしてこれを参考に「適当ノ御沙汰」をするようにと回答している。

これを受けた奈良県は、広成らの知行地を没収したうえで、士分として家禄を与えることとした。

広成は、春日社の「神楽所」に勤めることになったが、それでも困窮し、伝来の能面・能装束の一部を売り払わざるを得なかった。

✝九郎の苦労

宝生大夫だった宝生九郎（知栄《ともはる》）は、いったんは、新政府に出仕するが、病気を理由に隠居して蠟燭《ろうそく》屋を開いたり、知り合いの百姓がいた板橋で農業に就いたりするなど職業を転々とする。しかし、明治八年（一八七五）ごろ、梅若実の後押しで能楽界に復帰。その後、實・桜間伴馬《さくらまばんま》とともに「明治の三名人」に数えられるまでになる。

かつての金剛大夫・金剛氏成《うじなり》は、維新を機に唯一《ただいち》と改名した。芝飯倉《しばいいくら》にあった金剛流の舞台では、珍しく維新後も能を催していた。老朽化したため建てなおしたが、なぜか、それから幾度か移転をくりかえし、最後は神田小川町で、もらい火から焼失してしまう。唯一は、失意のうちに没する。

明治維新を迎えたときの喜多大夫・喜多六平太《ろっぺいた》（能静《のうせい》）は明治二年（一八六九）に亡くなった。後継ぎの養子は、遊興に耽り、伝来の能面・装束まで売り払うなどしたため、家は一時途絶えた。

右往左往する役者たちのなかで、観世座で大夫に次ぐ地位にあった梅若實は、東京に残り、泰然自若《たいぜんじじゃく》として稽古を続ける。

2 「天覧」を争う旧公家・大名と元勲

†行幸でなにをご覧いただくか

「天覧」とは、文字どおり「天皇が、ご覧になる」こと。この「天覧」をめぐって、明治の初年、新政府の権力者たちが、「能派」と「歌舞伎派」の二手に分かれて競い合った。

「能派」は、旧公家・大名。それにたいし、「歌舞伎派」は地方の藩士から成り上がった元勲たち。出自によって真っ二つだった。

能は、公家・大名にとっては身近な芸能だったが、地方の藩士には縁遠かった。能のように特別な教養はいらず、馴染みやすい歌舞伎に肩入れしたのは自然のなりゆきだった。

明治天皇は、明治四年（一八七一）の三条実美《さんじょうさねとみ》、岩倉具視《いわくらともみ》邸を皮切りに、維新に功績があった旧大名、公家、士族の邸宅への行幸を始める。功臣たちにたいする慰労であり、恩賞のひとつだった。

はじめ、余興はなかったが、やがて放鷹《ほうよう》や鴨猟《かもりよう》が披露されるようになる。これによって、天皇を迎える功臣たちは、「行幸でなにをご覧いただくか」ということに心を砕くようになる。

明治九年（一八七六）、二度目の岩倉具視邸行幸の際に、初めて「天覧能」が催されることになった。その日は四月四日と決まった。

天皇が京にいた維新以前、「天覧」は、それほど世間に注目されることはなかった。ところが、天皇が東京に移るとその権威が復活し、急に注目を集めるようになる。「天覧能」が決まると、新聞でも報じられた。

能は、「武家の式楽」で、将軍や大名にとっては、欠くことのできない嗜みだったが、公家はどうだったのだろうか。

御所の「御台所」の一部は、臨時で舞台が設《しつら》えられるようになっていた。幕末のころには、分家格として「金剛姓」を許されていたシテ方の野村家や大蔵流の狂言方・茂山千五郎家など京在住の能役者が、「禁裏《きんり》御用」として出入りしていた。

†梅若實の思惑

「天覧能」にあたって岩倉から相談を受けたのは、能好きで知られた旧加賀藩主の前田斉《なり》泰《やす》。加賀藩は能が盛んなことで知られ、とくに宝生流の拠点で「加賀宝生」という言葉もあったほどであることはすでに前章第1節でご紹介したとおりである。

しかし斉泰は、家元の宝生九郎（知栄《ともはる》）と反目していた。前年に東京・根岸にできたみずからの隠居所の舞台抜きにも声をかけず、当時の能楽界で最も勢いがあり、旧公家・大名の弟子も多かった観世流の梅若實《うめわかみのる》に演じさせている。「天覧能」のときも、實を推薦した。

『梅若実日記』によると、当日は「万事ハ式部頭坊城従三位俊政様御差図有之拙者へ《しきぶのかみぼうじようじゆさんみとしただまさおさしずこれありせつしや》披仰付相勤《おおせつけられあいつとむ》ル」（梅若実日記刊行会『梅若実日記　第三巻』八木書店、二〇〇二年）とある。坊城俊政は公家出身で、宮中の儀礼を司る式部頭《しきぶのかみ》を務めていた。また實の有力な素人弟子であり、支援者でもあった。その関係から、事前に斉泰、俊政、實の三者のあいだで、なんらかの話し合いができていたと想像される。

しかし實は、斉泰の意に反し、一時は能楽界から遠ざかっていた九郎を出演させ、表舞台に返り咲く契機にさせようと策をめぐらせた。

斉泰には、手伝いをさせると言って、九郎の楽屋入りを認めさせた。一方、九郎には、〈熊坂〉を演じてもらいたい、と声をかけた。

†半能で〈熊坂〉を

「天覧能」当日のようすは、公式記録である『明治天皇紀』に次のように記されている。

四日　正院に親臨し政務を聞召すの後、午前十一時、右大臣岩倉具視の馬場先門内の邸に幸す、具視、能楽師梅若實・同観世銕之丞《てつのじょう》・同宝生九郎等をして能楽を演ぜしめ以て天覧に供す、徳川慶頼《よしより》・前田《まえだ》斉泰《なりやす》・前田利鬯《としか》・松平頼胤《よりたね》の旧諸藩主亦加はりて奏

演す、太政大臣三条実美・内閣顧問木戸《きど》孝允《たかよし》・参議大久保《おおくぼ》利通《としみち》・同大隈《おおくま》重信《しげのぶ》・大木《おおき》喬《たか》任《とう》・同寺島《てらじま》宗則《むねのり》・同伊藤《いとう》博文《ひろぶみ》・同山縣《やまがた》有朋《ありとも》・元老院議官吉井《よしい》友実《ともざね》・宮内卿徳大寺《とくだいじ》実《さね》則《つね》・宮内大輔万里小路《までのこうじ》博房《ひろふさ》・侍従長東久世《ひがしくぜ》通禧《みちとみ》……（宮内庁『明治天皇紀　第三』吉川弘文館、一九六九年）

しかし当日、九郎が来てみると、番組には〈熊坂〉どころか自分の名前もなかった。帰ろうとする九郎に、實は、追加で舞ってもらうと言って必死に引き留める。その一方で、實は、「臨時御入能」という名目で九郎に〈熊坂〉を演じさせてくれるよう、斉泰に懇願した。

斉泰は拒んだが、實の再三再四の願いに折れ、やっと半能で演じることを許した。半能とは、前半を省略し、見せ場となる後半だけを演じる上演形式だ。

結局、この日は間に狂言を挟みながら、斉泰の七男で旧加賀大聖寺《だいしょうじ》藩主の利鬯《としか》が〈小鍛冶《こかじ》〉、斉泰が〈橋弁慶〉、實が〈土蜘蛛〉、そして最後に九郎が番外で半能の〈熊坂〉を演じた。

†天皇の謡は耳学

『明治天皇紀』には「天顔《てんがん》殊《こと》に麗し」（『明治天皇紀 第三』）と記されている。天皇は上機嫌だったようだ。

ちなみに天皇は、戯れではあるが、女官たちを相手に謡の稽古を付けている。『明治天皇紀』を引こう。

明治天皇亦能楽を好み謡曲をも謡はせたまふ、但し天皇の謡曲は所謂耳学《じがく》にして、特に習ひたまへるにあらざれば、素より御堪能とは申し難し、されど興に乗じたまひては、時々独吟あらせられ、又女官等を召して玉音高らかに之れを教へたまふ事ありしと云ふ。（『明治天皇紀 第三』）

それほど、能がお好きだったのだ。

翌日の五日には皇太后と皇后、六日には親王・内親王と、その後も連日、皇族が岩倉邸を訪れた。五、六日に、九郎は〈紅葉狩〉と〈望月《もちづき》〉を半能ではなく演じることを許された。實も、〈融《とおる》〉と〈安宅〉を演じた。三日にわたって無事に舞い終えた二人は、労をねぎらわれ岩倉から紋服が下された。

✝能復活の足がかり

「天覧能」の反響は大きく、アッという間に世間を駆けめぐった。新聞でも連日のように報じられた。

その後、行幸の際には、能・狂言が慣例となり、この年だけでも二回おこなわれた。五月五日に静寛院宮《せいかんいんのみや》（十四代将軍家茂《いえもち》の正室和宮《かずのみや》）邸で、梅若實のほか、金剛宗家の金剛氏成ら玄人に交じり、坊城俊政らが演じた。俊政は岩倉邸の三日目の親王・内親王を迎えたときにも出演していた。

十月十三日には、中山忠能《なかやまただやす》邸で狂言ばかり十曲あまりが演じられた。中山は、娘の慶子《よしこ》が、典侍として孝明天皇に仕え、睦仁《むつひと》親王を生んでいる。睦仁とはすなわち明治天皇、つまり中山は天皇の外祖父に当たる。

明治維新によって幕府や藩の庇護を失い、立ち行かなくなっていた能は、「天覧」によって、復興の足がかりを摑んだ。

†初めての能楽堂

旧大名を中心に華族の邸宅で、能の上演が盛んになる。なかには、岩倉具視や旧長州藩主の毛利元徳《もうりもとのり》のように、舞台を新たに建てた例さえあった。梅若實の目論見どおり、宝生九郎も岩倉に気に入られて能の指南役となるなど評価が高まり、引っ張りだこになる。

「天覧能」の成功によって、能のありかたにも関心をもつようになった岩倉は、歴史学者で側近の久米邦武《くめくにたけ》に意見を求める。岩倉使節団の一員として、欧米を視察してまわった久米は、ベルリンで宮廷劇場を見て、その国固有の「歌舞音楽」の価値を認識した。そして日本においてヨーロッパ諸国のオペラに匹敵するのは能だ、と確信していた。久米は岩倉にたいし、能を支援する必要性を説く。

明治十四年(一八八一)、旧公家・大名が集まり、能の支援組織である「能楽社」が設立された。その活動拠点として、芝公園の一角に、芝能楽堂が建てられた。それまでの寺社・城・大名屋敷などにあった能舞台では、観客が座る「見所」と呼ばれる座敷は、庭を隔てて別棟にあった。芝能楽堂は、舞台と「見所」が一体化した劇場形式。初めての「能楽堂」だった。

能楽社設立に中心的役割を果たしたのは、岩倉具視、前田斉泰、坊城俊政ら、岩倉邸での「天覧能」にかかわった面々だった。

†「歌舞伎派」の動きへの岩倉の横槍

「天覧能」の効果を目の当たりにした「歌舞伎派」は、歌舞伎にも栄誉を浴させようと動き出す。明治十三年(一八八〇)六月、薩摩の郷士の出で外務卿などを務めた寺島宗則邸への行幸の際に上演しようとしたのだ。

しかし、これは、岩倉具視の知るところとなり、横槍が入った。『明治天皇紀』には、次のように記されている。

初め宗則、同僚二三に謀りて演劇を天覧に供せんとす、右大臣岩倉具視之れを聞くや、其の技の卑俗にして風教を害すること少からざれば、改良の暁は知らず、現今の状態にては天覧に供するを不可なりとし、書を宮内卿徳大寺実則に致して、既に決定せりや否やを問ふ、実則始めて聞知《ぶんち》せる旨を告げ、且具視の意見を賛し、叡慮《えいりよ》の如何を候せんことを答ふ、天皇之れを止めしめたまふ。(宮内庁編『明治天皇紀 第五』吉川弘文館、

一九七一年）

「演劇」とは歌舞伎のこと。「同僚二三」とは、おそらくいずれも下級藩士上がりの伊藤博文や井上馨《いのうえかおる》らのことだろう。岩倉は、旧公家の実質的な代表者で天皇に近く、政府内での力も強かった。寺島や伊藤たちも引き下がらざるを得なかった。結局、行幸当日は能・狂言が演じられた。

†演劇改良運動

江戸時代、芝居小屋は、遊郭と並ぶ「二大悪所」とされ、「公序良俗」に反すると見られていた。一方で、役者たちは、「身分不相応」な派手な暮らしをしているとして、取り締まりの対象となっていた。

明治維新によって「四民平等」が掲げられ、旧来の身分制度が廃されると、それを契機に、歌舞伎の世界では、日陰者から脱皮しよう、という動きが始まった。推進したのは、のちに「劇聖」と讃えられる九代目市川團十郎《いちかわだんじゅうろう》や興行主である座元の十二代目守田《もりた》勘彌《かんや》だった。荒唐無稽な筋立てをやめ、史実や時代考証に即した「新史劇」を上演した。化粧をせず、見得も切らすに「勧進帳《かんじんちょう》」を演じたりもした。しかし、それでも、岩倉は不十分と見ていた。

伊藤博文の指示で、明治十九年(一八八六)には、團十郎らを後押しするため、「高尚優美」を旗印とした「演劇改良会」が設立された。取りまとめ役は、ジャーナリスト・政治家で伊藤の娘婿でもあった末松謙澄《すえまつけんちょう》が務めた。会員には、伊藤の盟友で発足したばかりの第一次伊藤内閣で外務大臣となった井上馨、英文学者で日本における西洋演劇研究の先駆者である坪内逍遥《つぼうちしょうよう》、医学者であると同時にヨーロッパ文学の紹介者であり作家として知られた森鷗外《もりおうがい》ら錚々たる顔触れが並び、演出や脚本の「改良」を提唱した。

この前後から團十郎は、〈船弁慶〉〈紅葉狩〉など、「高尚優美」の手本である能・狂言から取った演目を演じる。これら演目は、能舞台の背後にある鏡板《かがみいた》を模し、松が描かれた羽目板を舞台装置として使うことから「松羽目物《まつばめもの》」と呼ばれ、好評だった。

†やっと実現

努力は実を結び、明治二十年(一八八七)、井上馨邸への行幸に際し、ふたたび「天覧歌舞伎」の計画がもちあがる。四年前に岩倉具視は亡くなっており、もう横槍を入れられる心配はなかった。それでも井上は、こんどこそはまちがいなく実現できるよう慎重にことを進めた。

庭に能舞台を仮設することとし、天皇に「歌舞伎・狂言二者中叡慮の選びたまふ所に随ひて天覧を仰がん」と奏上したのだ。天皇は、なにごとにおいても、公に問われて自分の好みを述べることなどしないのが慣習である。「馨の意に任す」と答えるしかなかった。井上は、「シメタ」と思ったことだろう。

明治二十年（一八八七）四月二十六日、「天覧歌舞伎」は実現し、九代目市川團十郎、五代目尾上菊五郎《おのえきくごろう》、初代市川左團次《いちかわさだんじ》らが〈勧進帳〉〈北条高時《ほうじょうたかとき》〉などを演じた。

能に遅れること、十一年が経っていた。

3　能面流転

†野上豊一郎の感想

夏目漱石《なつめそうせき》門下の英文学者にして能にも造詣が深かった野上豊一郎《のがみとよいちろう》は、昭和十三年（一九三八)、外務省から派遣されて交換教授としてイギリスへ渡り、ケンブリッジ大学などで能について講義した。その際に欧米各地の美術館・博物館をまわり、収蔵されている能面の調査もした。

明治維新以来、古美術品が欧米へ大量に流出していることが問題となり、これを食い止めるため、昭和初期に「国宝」の範囲が拡大された。それとともに、「重要美術品」の認定が始まった。野上の調査も流出を憂慮してのことだった。

このときのことを記した『能面論考』のなかの「西洋の能面」という文章によると、ベルリンの先史前東洋美術館・民族博物館に能面二百点以上があったのをはじめ、ロンドンのビクトリア&アルバート博物館、ニューヨークのメトロポリタン美術館など二十か所に、それぞれ十点前後の能・狂言面が収蔵されていた。

野上は見てまわった感想を、安堵感をもってこう記している。

> ほぼ海外流出の能面・狂言面の品質の程度も見当がついて安心した。といふのは、流出してゐる数は以外《ママ》に多いけれども——例へばセエヌ河岸のちよつとした骨董屋の店先をのぞいて見ても三つか四つ能面のぶらさがつてゐない家はないくらゐであるけれ

ども——しかし、わざわざ買つて持つて帰りたいと思ふほどのものは殆《ほと》んどなかつた。さすがに博物館に陳列されてあるものや特殊の好事家の所蔵品の中には相当な品質のものあるけれども、全体からいふと、それも限られた数にすぎない。（野上豊一郎『能面論考』小山書店、一九四四年）

しかし、案外、そうでもないのだ。

†最古の「翁面」

戦後の何度かにわたる調査で、欧米の美術館・博物館には、総数で七百点あまりの能面が収蔵されていると推計され、そのなかには、能の歴史を語る名品も含まれている。

世阿弥は『申楽談儀』のなかで、「面の事。翁は日光《につこう》打ち。弥勒《みろく》、打ち手也」（『世阿弥禅竹』）と、翁面のすぐれた打ち手として南北朝から室町時代にかけて活躍した日光と弥勒の名を挙げているが、「翁面」は、もっと古くから名もなき面打ちたちによって打たれていた。

〈翁〉は、平安時代から演じられていたと見られるから、そのころから「翁面」は存在していただろうが、その時代の「翁面」は確認されていない。現存最古の能面は、鎌倉時代の作だ。

しかも、その「翁面」は、日本にはない。ドイツのベルリン国立民族博物館に所蔵されている。どういう経路でドイツに渡ったかは不明だが、一九〇三年に美術館に入ったという記録が残っているから、野上がベルリンを訪れたときには、すでに所蔵されていた。「翁面」の裏に近赤外線を照射すると、漆の下に「弘安《こうあん》元年」の墨書きが浮かぶ。弘安元年といえば鎌倉時代後期、西暦の一二七八年である。いわゆる「元寇」の二度目「弘安の役」の三年前にあたる。このころは、まだ「能」と言える芸能は演じられていなかったから、能面も存在していなかった。

†基本は六十種類ほど

南北朝時代に能が登場し、室町時代に入って観阿弥・世阿弥親子が活躍して以降、多様な曲が作られるのに合わせて能面の種類も増えていった。

桃山時代から江戸時代初期の西本願寺の坊官（出家していないが、僧形《そうぎょう》で寺務を担当する職）で、玄人をもしのぐ能の名手だった下間《しもつま》少進は、『叢伝抄《そうでんしょう》』のなかで、能にとっては草創期である南北朝時代から室町時代にかけての十人の面打ちの名と得意とした面の種類を挙げ、「是を十作ともいふ也」と記している。

日光・弥勒は「翁之面」
赤鶴《しやくつる》は「鬼」
越智《えち》・龍右衛門《たつえもん》は「女・男・尉《じよう》」
夜叉《やしや》・文蔵《ぶんぞう》は「女」
小牛《こうじ》は「尉」
徳若《とくわか》は「アヤカシ」
三光《さんこう》は「ベシミ・尉」
日氷《ひみ》（氷見《ひみ》）は「霊」
（法政大学能楽研究所編「叢伝抄」、『能楽資料集成6 下間少進集 Ⅲ』わんや書店、一九七六年）

これにより、十人の作は名作として伝えられるようになった。
桃山時代になると世襲の面打ちの家も生まれる。室町時代後期に活躍した三光坊の流れを汲む、越前出目家《えちぜんでめ》・近江井関家《いぜき》・大野出目家の三家が、江戸時代を通じて続く。

江戸時代の初期までには、「小面《こおもて》」「増女《ぞうおんな》」「平太《へいだ》」「般若《はんにゃ》」など基本となる六十種類ほどが出揃う。それまでに打たれた名作は、「本面《ほんめん》」と呼ばれ、大切にされるようになる。その後は、この「本面」を手本として打つようになる。これを「写し」と呼ぶ。鑿《のみ》の跡や彩色から傷・剝落・古色に至るまで「写す」が、単なる模倣ではない。「本面」を手本とはしているが、それぞれの面打ちの個性や主張が、自然と滲み出る。江戸時代に打たれたものでも名品とされるものは多い。

†オランダにある能面

江戸時代、日本は「鎖国政策」を取り、長崎・出島のオランダ商館が欧米への唯一の窓口として交易していた。欧米人が、日本の美術品のなかで、最初に価値を見出したのは磁器・漆器であり、のちに浮世絵が加わった。

能面が初めて海外にもちだされたのは、記録に残っているかぎり、オランダ商館の医師として来日したドイツ人のフィリップ・フランツ・フォン・シーボルトによってだった。シーボルトは、日本であらゆるものを収集し、オランダへ送った。その膨大なコレクションは、オランダ国立民族博物館に所蔵されている。

野上もこの博物館で、能・狂言面を見た。そのときの能面が、シーボルトが収集したものであるかは、はっきりしないが、野上は「西洋の能面」のなかで次のように感想を記している。

此の博物館の能面は「中将」「怪士《あやかし》」「景清」「痩男」「痩女」「橋姫」「曲見《しやくみ》」等で、そのほかに狂言面が幾つかあつた。

オランダで見た面は他のどの国で見たものよりも粒が揃つてゐて、その点甚だ感心した。これはオランダ人が他国人より鑑識眼があるからだといふよりは、オランダは江戸時代初期から日本と交易をつづけてゐた西洋唯一の国であつたから、自然早くからういつた物を手に入れる便宜があつたのではなからうか。

†ギメとキヨソーネ

十九世紀後半、パリやウィーンで開催された万国博覧会を契機として、日本の風俗や美術品への関心が高まり、欧米には「ジャポニズム」の波が押し寄せた。そのころの日本では、明治維新前後の社会の混乱で古美術品が巷にあふれ、二束三文で売られていた。

それに目を付けたのが外国人だった。海外から来た美術商、日本に駐在していた外交官やお雇い外国人なども、先を争って美術品を買い漁った。

そのなかに、フランスの実業家のエミール・ギメや紙幣印刷の技術者として日本政府に雇われたイタリア人のエドアルト・キヨソーネもいた。

ギメは、学究肌でアジアの古美術にも造詣が深く、明治九年（一八七六）、日本を訪れ、陶磁器・絵画など古美術品を船に満載して持ち帰った。ギメは、コレクションを基に、東洋を専門とする美術館として世界有数とされるギメ美術館を開館させた。

一九九〇年代後半の調査では、ギメ美術館には、いつ入ったかはわからないが、能・狂言面六十六点あまりが所蔵されていて、「十作」の一人である赤鶴の「小飛出《ことびで》」や、大野出目家の友閑《ゆうかん》の「小面」「喝食《かつしき》」など比較的優品が揃っていると報告されている。

キヨソーネも、亡くなるまでの二十年間に、一万五千点以上にも及ぶ古美術品を買い集めた。そのコレクションは、亡くなった翌年の明治三十二年（一八九九）に、故郷のジェノバに送られ、遺言にもとづいて母校・リグーリア美術学校に寄贈された。現在はキヨソーネ記念東洋美術館として公開されている。

同じく一九九〇年代後半の調査では、所蔵されている能・狂言面は十一点と数は少ないが、優品ばかりだとされている。

†大正に入って

江戸時代、五座の大夫や「お抱え役者」がいた大きな大名家の蔵のなかには、膨大な能面と能装束があった。明治に入り、困窮した金春宗家が、豊臣秀吉から拝領した龍右衛門作の「雪の小面」を手放したような例があるが、旧大名家は、まだそこまで行き詰まっておらず、あまり流失することはなかった。

旧大名家から古美術品が、大量に世のなかに出るようになったのは、大正になってからだ。

野上の『能面論考』のなかの「能面山分《やまわけ》の話」という文章にも、大名家から出た能面の話が出てくる。要約すると次の通りだ。

時代はやはり大正時代の初め。ある日、友人の作家・芥川龍之介《あくたがわりゅうのすけ》の家に、懇意にしている骨董屋が能面三十点ほどをもってきて、買ってもらえないかと言った。芥川は、能面に興味がなかったので、野上を紹介してよこした。

骨董屋の番頭が能面をもってあらわれ、ひとまず置いていった。野上は興味がありそうな友人たちを集め、品定めをさせて、「山分け」したというのだ。多くは、江戸時代の出目家の系統の作だった。能面の出どころについて、番頭はくわしいことは教えなかったが、「旧大名の出物」とだけ明かした。

✝売立による移動

このように世間体を気にして、骨董商を呼んで「密に」に処分することもあったが、大々的な「売立《うりたて》」も盛んにおこなわれた。

明治時代末から、東京・大阪・京都・名古屋・金沢の各美術倶楽部（美術商の協同組合）を会場に、オークション方式によっておこなわれていた「売立」は、大正時代になると活況を呈す。わが国近代の骨董業界は「売立」を中心に発展した、と言っても過言ではないほどである。

社会の大変革に乗り切れなかった旧家が貯めこんでいた古美術品を、茶道具を中心に一気に放出した。このなかには尾張と水戸の両徳川家、仙台の伊達家など旧大名家も多く含まれた。

「売立」にあたっては、美しい豪華な和綴じの「売立目録」が作製された。現在残っているだけで六千〜七千冊あると言われるから、おびただしい数の「売立」があったことがわかる。目録を検討し、買い手による下見会が開かれた後、入札にかけられるのだった。

こうやって、幕末から昭和初期にかけて大量の古美術品が動き、多くが欧米へ流出した。そのなかには、能面も混じっていたことだろう。

†山内容堂の能面が見つかった

平成三十一年(二〇一九)二月には、いつ入ったかは定かではないが、ある能面がロンドンの大英博物館とビクトリア&アルバート博物館に収蔵されていることがわかった、という記事が新聞に載り、話題になった。

この能面とは、幕末の土佐藩主である山内容堂《やまうちようどう》(豊信《とよしげ》)が所持していたものだ。容堂は、幕末の政治の世界における重要人物のひとりだ。みずから「鯨海酔侯《げいかいすいこう》」と称したほどの大酒飲み。維新の方向性を大きく左右した「小御所会議」にも酔ってあらわれたほどだった。

容堂は、その豪放磊落さとは裏腹に、能に通じた文人でもあった。大名のなかでも有数の舞の名手で、伊勢津藩主の藤堂高潔《とうどうたかきよ》と並び「謡藤堂《うたいとうどう》 舞容堂《まいようどう》」と称せられたほどだ。

大英博物館は、言うまでもなく、パリのルーブル美術館と並び、世界の美術館・博物館のなかでは屈指の存在。ビクトリア&アルバート博物館は、十九世紀なかばのロンドン万博を契機として開館し、世界中から集めた膨大な美術・工芸品のコレクションで有名だ。最盛期にあった日本の明治の工芸品も数多く所蔵している。

大英博物館とビクトリア&アルバート博物館に収蔵されていた能面は、鬼面の「顰《しかみ》」など五点。裏に「容堂居士《こじ》」と記されていた。

見つかるものあれば、行方不明になるものあり。ヨーロッパに渡った古美術品のなかには、歴史のなかで翻弄されたものもある。

一九四二年二月、スターリングラード攻防戦に勝利したソ連軍は、反攻してドイツ東部に侵攻し、賠償を名目に略奪に取りかかる。実行前に入念に準備され、美術の専門家も同行させていた。戦前、ベルリン国立博物館東洋美術館とベルリン国立民族博物館は、それぞれ二百数十点もの能・狂言面を所蔵していたとされるが、ほとんどが略奪されたとされる。いま、どこにあるのかはいまだ謎のままだ。

4　新作と廃曲のあいだ

†古典能の世界観は平安時代止まり

能が誕生して以来、およそ七百年のあいだに作られたのは三千曲以上もあるとされる。謡本が残っているだけでも二千曲以上あるが、ほとんどが能としては一度も上演されないまま埋もれている。

上演されている曲のほとんどは、室町時代から江戸時代までに作られ、完成した曲だ。これらは「古典能」とでも言ったらよいだろう。

世阿弥は、その著書『三道』のなかで、「種（主人公）」「作（構成）」「書（作詞）」の三要素の重要性を説いている。

「古典能」の「種」についてみると、『伊勢物語』『源氏物語』『平家物語』といった平安文学や「安達ヶ原の鬼婆」「邯鄲《かんたん》の夢」のような日本・中国の故事や伝説にもとづく。江戸時代どころか、室町時代の人物も登場しない。中国の物語も、唐時代以前だ。舞台は、日本を飛び出しても、中国か、せいぜいインドまで。つまり、能の世界観は、平安時代で止まっているのだ。

†勤王思想と能

それにたいし、「新作能」と言われる明治時代以降に作られた曲は、それまでの縛りにとらわれない自由な発想に満ちている。登場人物や場所も、幅広い。同時代、ときにはアジア以外の人物も登場する。「時事ネタ」を取り上げた曲が多く、時代の空気を感じさせる。

その先駆けになったのは、幕末の嘉永六、七年ごろに作られた〈閣龍《コロンバス》〉。嘉永六年（一八五三）六月。「黒船」に乗ってペリー提督率いるアメリカ海軍の東インド艦隊が、相模国《さがみ》浦賀《うらが》沖に姿をあらわした。この大事件から着想した曲だ。

「黒船」が放つ大砲の砲声に驚いた「釣人」が、「山神」に注進する。黒船来航は、「山神」から「天照大神《あまてらすおおみかみ》」を通じ「神田明神《かんだみようじん》」に伝わる。「彼理《ペルリ》」は、開国を求める大統領の親書を携《たずさ》え、「神田明神」と対面し、翌年の再来日のときに、返事を聞く旨を通告して帰る。「彼理」が再来日すると神風が吹き、黒船は撃退される。「元寇」以来の「神国思想」にもとづくものだ。

曲名の「コロンバス」とは「コロンブス」のこと。コロンブスを儒教的な「聖人」と勘違いしたようで、「天照大神」にたいして、アメリカを代表する存在として名づけられたと考えられる。

幕末から明治にかけては、「勤王思想」や「王政復古」の大号令で天皇の権威が復活したことから、南北朝時代における南朝方の武将を讃える曲が次々と作られた。楠木《くすのき》正成《まさしげ》・正行《まさつら》親子の奮戦と別れを描いた〈菊水《きくすい》〉（明治三年）、〈桜井駅《さくらいのえき》〉（明治五年）、〈正行〉（明治十五年）、〈楠露《くすのつゆ》〉（明治二十年）、〈桜井〉（明治二十八、三十一年）〈湊川《みなとがわ》〉（明治三十五年）など「楠公物《なんこうもの》」と言われる一連の曲をはじめとして、隠岐島《おきのしま》に流される途中の後《ご》醍《だい》醐《ご》天皇を奪還しようとした児島高徳《こじまたかのり》の〈高徳〉（安政三年）、後醍醐天皇を助け船上山《せんじょうさん》の戦で鎌倉方を破った名和《なわ》長年《ながとし》の〈船上山〉（明治四年）、隠岐島を脱出した後醍醐天皇を楠正成・名和長年が船上山で迎える〈鳳駕迎《ほうがむかえ》〉（明治三十一年）、新田義貞が稲村ヶ崎で海に剣を捧げると潮が引いて鎌倉を攻めることができたという故事にもとづく〈太刀まつり〉（明治十六年）などがある。

また、時代をさかのぼり、逆臣・蘇《そ》我入鹿《がのいるか》を討った「大化の改新」を題材とした〈鞠《まり》の勲《いさお》〉（明治二十八年）、元寇の忠臣・武藤資時《むとうすけとき》の武功を描いた〈資時〉（明治三十八年）といった曲もある。

†国威発揚の能

勝ち戦だった日清・日露戦争の前後には、国民の高揚感に乗った勇ましい曲が続く。


〈三韓《さんかん》〉（明治二十八年）……明治初年から燻っていた「征韓論」の正当性を主張する。

〈勝軍祝〉（明治二十八年）……文字どおり日清戦争の勝利を祝う。

〈祐亨《すけゆき》〉（明治二十九年）……海軍中将で連合艦隊司令長官の伊東祐亨が日清戦争の決戦のありさまを語る。

〈御国光《みくにのひかり》〉（明治三十二年）……日清戦争で戦った「中将」が歴戦を語る。

〈鷲〉（明治三十七年）……源義経＝日本、清朝の太祖ヌルハチの母＝中国、ロシア＝鷲となぞらえて日露戦争の正当性を主張した。

〈高千穂《たらちほ》〉（明治三十七年）……鷹と鷲を日本とロシアに象徴させ戦わせる。

〈いくさ神〉（明治三十七年）……日露戦争で「軍神」と讃えられた広瀬武夫《ひろせたけお》中佐の霊が

戦いのありさまを語る。

〈海戦〉（明治三十七年）……日露戦争における海戦を題材とする。

〈二見《ふたみ》〉（明治三十九年）……連合艦隊司令長官東郷平八郎の部下の前に、神があらわれる。

〈旭桜《あさひざくら》〉（明治三十九年）……旅順陥落を祝う。

〈征露の談〉（明治四十一年）……日露戦争から帰った兵士が、母に戦いのありさまを語る。


〈御国光〉は旧萩藩主の毛利元徳、〈鷲〉は「鉄道唱歌」の作詞者でもある国文学者の大和田《おおわだ》建樹《たてき》の作で、いずれも観世宗家の観世清廉《きよかど》が節付けした。

「強兵」と並んで明治政府が掲げた国家目標である「富国」を象徴しているのが、足尾銅山を開いた古河市兵衛《ふるかわいちべえ》の霊が銅山の繁栄を語る〈足尾銅山〉（大正元年）だ。

東郷と並び日露戦争の英雄とされた陸軍大将の乃木希典《のぎまれすけ》は、明治天皇の大喪《たいそう》がおこなわれた大正元年（一九一二）九月十三日、夫婦で殉死の道を選ぶ。この直後、乃木を主人公とした修羅能の〈希典〉が作られ、のちには、二人の息子が戦死しても動じなかったとされる妻を題材とした〈乃木夫人〉（大正十五年）も作られた。

息が詰まるような政治色が強い曲ばかりが目立つなかで、ホッとする曲も作られた。明治から大正にかけ、社会は「子ども」に目を向けるようになり、児童文学や童謡が注目を浴びる。作家の巌谷《いわや》小波《さざなみ》は、児童文学を「お伽噺」と名づけ、日本の昔話を掘り起こして広めた。「新作能」として〈舌切雀《したきりすずめ》〉が作られたのも、このころだ。

†「忠君愛国」一色に

しかし、それも束の間。昭和十六年（一九四一）、太平洋戦争が始まるころには、「新作能」の世界はふたたび政治色を帯び、「忠君愛国」一色に染まる。

代表的なのは〈忠霊《ちゅうれい》〉（昭和十六年）と〈皇軍艦《みいくさぶね》〉（昭和十八年）だ。

〈忠霊〉は全国に戦死者を祀る「忠霊塔」の建設を推し進めるために設立された大日本忠霊顕彰会が、観世流に依頼して作られた。作ったのは、才人だった浅見《あさみ》真健《まさたけ》らで全国的に上演された。「国士」が忠霊塔に参拝すると、あたりを掃き清めている老人に出会い、その勧めで靖国《やすくに》神社へ参拝に向かう。すると、天上に「忠霊」があらわれ護国を約束する、という筋だ。

〈皇軍艦〉は、潜水艦「伊二九《いにじゆうく》」の艦内誌『不朽』の創刊号（昭和十八年二月）に掲載された「赤道神《ポセイドン》」が原作で、作者は「佐古少尉」とされている。しかし、この「佐古少尉」がどういう人物なのかはまったくわからない。「伊二九」は、昭和十九年（一九四四）、ドイツからの帰路にフィリピン沖で攻撃を受け沈没した。

米英両国と戦う日本海軍の戦艦が赤道を越えようとするとき、航海の安全を祈る「赤道祭」が催される。そこに、「赤道神」が姿をあらわし、乗組員の武勇と「大東亜」の繁栄を讃える。赤道神から船長に、大きな作り物の鍵が渡され、船は南の海を進んで行くという展開だ。

〈皇軍艦〉は、海軍からの依頼で、六世観世銕之丞が節付けし、五月には檜書店《ひのき》から謡本が出版された。二十六日に華族会館で初演され、二十七日の「海軍記念日」を挟み、二十八日にはNHKラジオで放送された。その後、レコードにもなった。シテは初世梅若万三郎がつとめた。万三郎は戦後に能楽師として初めて文化勲章を受章した名人である。

その他にも、昭和十六年から二十年にかけて同じ作者によって作られた〈八咫烏《やたがらす》〉〈蒙古来襲〉〈水漬屍《みづくかばね》〉をはじめとして、十七年には、シンガポール陥落を記念した〈英断時宗〉、長政親子の霊があらわれ太平洋戦争に参戦するという荒唐無稽な〈山田長政〉、豊臣秀吉の霊が太平洋戦争の勝利を祈る〈興亜の光〉、真珠湾攻撃の奮戦を描く〈軍神〉、十八年には、米英の撃滅を祈る〈撃ちして止まむ〉、ガダルカナル島での激戦を題材とした〈内船桜〉〈玉砕〉が作られた。

†こんどは芸術寄りに

太平洋戦争が終わると政治色が強い曲は消え、こんどは芸術性を求める曲ばかりになる。また一方で、数は少ないが、平和を祈る曲や社会問題を告発する曲も出てくる。これらは著名人が作ったのが特徴で、なかでも免疫学者の多田《ただ》富雄《とみお》は、原爆被害者の鎮魂のための〈原爆忌〉（平成十六年）、〈長崎の生母〉（平成十六年）や、脳死・心臓移植を扱った〈無明《むみょう》の井《い》〉（平成三年）、戦時中の日本軍による朝鮮人の強制連行の問題を取り上げた〈望恨歌《ぼうこんか》〉（平成五年）と精力的だった。

ほかにも、劇作家・演出家・評論家として幅広い活動をした堂本正樹《どうもとまさき》は、環境破壊に焦点を当てた〈森〉（昭和三十四年）や原爆の惨状を描いた〈サダコ——原爆の子〉（平成十三年）を、作家の石牟《いしむ》礼《れ》道子《みちこ》は水俣病を告発した代表作「苦海浄土《くかいじょうど》」をもとに〈不知火《しらぬい》〉（平成十四年）を作った。

†なんでもあり

西洋で作られた物語を原作とした曲もある。俳人の高浜虚子《たかはまきよし》は「青い鳥」で知られるベルギーの作家・詩人のモーリス・メーテルリンクの戯曲「タンタジールの死」を翻案した〈鉄門《てつもん》〉（大正五年）、戦後の能楽研究を牽引し、その分野で初めて文化功労者となった横道《よこみち》萬里雄《まりお》が、アイルランドの詩人・劇作家のウィリアム・バトラー・イェイツの詩劇「鷹の井にて」をもとに〈鷹姫《たかひめ》〉（昭和四十二年）を作った。〈鷹姫〉は「新作能」としては珍しく、現在でも再演を重ねている。

「古典能」には、小野小町や楊貴妃が登場するが、「新作能」には〈クレオパトラ〉（昭和十六～二十年）がある。これで、「世界三大美女」が揃った。平成に入ってからも、同名の曲が、観世流の津村禮次郎《つむられいじろう》によって作られた。

「古典能」では盛んに出てくる神仏に加え、〈復活のキリスト〉（昭和三十二年）、〈使徒パウロ〉（昭和三十五年）、〈復活〉（昭和三十八年）、〈イエズスの洗礼〉（昭和六十二年）、〈安土の生母〉（平成二年）といったキリスト教に関する曲も登場した。〈復活〉と〈イエズスの洗礼〉は、国文学者で歌人の土岐善麿《ときぜんまろ》の作だ。

歌舞伎では、〈外郎売《ういろううり》〉のように、商品の宣伝が入ることは珍しくなかった。しかし「武家の式楽」だった能では江戸時代を通じておよそ考えられなかったことだった。その後初めて、脚気に効くという新薬「アンチベリベリン」の宣伝のために、大正八年に三部作の〈武蔵野〉〈珠鑑《たまかがみ》〉〈三保〉が作られた。

†新作能は社会の鏡

能の世界では一般的に演じられている曲を「現行能」と言う。その数は流儀によって異なるが総数で二百曲あまり。ほとんどは「古典能」だ。「新作能」で入っているのは、大正天皇即位を祝って作られた〈大典〉(大正四年)や、喜多流と関係が深かった土岐善麿が作った〈鶴〉(昭和三十四年)など、ごくわずかだ。

自由に作られている半面、総じて完成度が低いことが、残らない原因のひとつだ。「新作能」の作者の大半は謡の愛好者で、芸術性の発露からではなく、能という形体を借りながら、作者が世に問いたい事柄について自己主張している場合が多い。そのため、謡としてはよいが、能としては上演できない曲も多い。

明治後半以降、資本主義の発展で、都市を中心として「会社員」などの中間層が登場した。その中間層の「趣味」の最たるものが謡で、会社では「謡曲同好会」が盛んになった。その時代のなかで、愛社精神あふれる朝日新聞社社員は、〈朝日新聞〉という曲を残している。

「武家社会」の頂点にいた将軍・大名から「市民社会」を生きた無名の人びとへと、能を支える存在は代わっていった。そのことの象徴が「新作能」でもある。

†能にだけは登場した「天皇」

昭和三十二年（一九五七）の新東宝映画「明治天皇と日露大戦争」は、公開前から大きな話題を呼んだ。歴史上初めて、役者が天皇を演じたからだ。

明治天皇の役は嵐寛寿郎《あらしかんじゅうろう》。戦前戦後を通じ、時代劇を中心に大活躍したスターである。鞍馬天狗を当たり役とし「アラカン」の愛称で呼ばれた。映画は大ヒットし、経営難だった新東宝は救われた。

戦前まで、映画にかぎらず、歌舞伎・演劇でも、天皇をはじめとした皇族が登場するのはタブーだった。

しかし、能では、天皇が出る曲は珍しくはない。〈大原御幸〉〈国栖《くず》〉〈絃上《けんじょう》〉〈鷺《さぎ》〉〈草《そう》子洗小町《しあらいこまち》〉〈花筐《はながたみ》〉などが挙げられる。皇族まで広げると〈蟬丸〉〈葵上〉〈雲林院〉〈定家〉もあり、合計すると十曲あまりにのぼる。

〈葵上〉などは、あろうことか、亡き皇太子の妃の六条御息所《ろくじょうのみやすどころ》が、愛に狂い生霊となり光源氏の正室を襲う、というもの。そんな曲でも、大っぴらに演じられていた。六条御息所は、〈野宮《ののみや》〉では亡霊としてあらわれる。〈野宮〉は、豊臣秀吉が御所に押しかけて前代未聞の「禁中能」を催したとき、後陽成天皇の前で演じられている。このとき、「六条御息所の霊」を演じたのは徳川家康だった。

他では駄目なものが、なぜこうも、能では許されていたのか?

これは、能という芸能が置かれていた立場にあった。

能は、観阿弥・世阿弥親子が、室町幕府三代将軍足利義満の寵愛を受けたことをきっかけとして、武家の手厚い庇護を受けるようになり、江戸時代には正式に「武家の式楽」となる。しかし、一方で、公家たちにも好まれ、朝廷からの勅使が江戸城に来たときには、「饗応能」が催されるのが慣例だった。能は、武家・公家を問わず貴人たちとつながりをもつようになっていた。

明治維新以降も、そのつながりを恐れ、歌舞伎には厳しかった警察も、能には手を出さなかった。下手に手を出したらなにが出てくるかわからない。「触らぬ神に祟りなし」といったところだ。

†右翼が槍玉に上げた〈蟬丸〉

ところが、昭和に入って一気に風向きが変わる。

昭和六年（一九三一）に満洲事変が勃発。その翌年には陸・海軍の青年将校が犬養毅《いぬかいつよし》首相を暗殺した五・一五事件が起こるなど、軍部が政治にまで介入しはじめ、右翼が勢いづいてきた時代だ。

昭和九年（一九三四）二月八日付の『東京日日新聞』によると、次のような事件が起こった。

日本精神協会という団体の理事の森清人《もりきよんど》が「謡曲『蟬丸』の一曲は内容が史実に反し、しかも皇室の尊厳を害《そこな》ふが如き字句で充満してゐるから、これをこのまゝに放任するは国民として座視するに忍びない」として、内務省を訪れ、廃曲にするよう陳情したのだ。

〈蟬丸〉は、盲目として生まれたばかりに山中に捨てられた皇子・蟬丸のもとに、髪が逆立つという奇病に罹り、心も病んだ姉君の逆髪《さかがみ》が、さまよい歩いた末にたどり着き、涙ながらの再会を果たすという悲劇だ。

陳情にたいし、内務省側は「永年古典として続いてきた以上、今更廃曲処分にするのも心なきやり方ではあるまいか、といつて明らかに不穏当を指摘し得るからにはこのまゝ黙過もできぬ」としてなんらかの処分をすることとなった、としている。記事は、各流儀と相談して、「上演を永久に禁止したい意向」と結ばれている。

†小樽での悶着

森の動きが飛び火したのか、七月には、遠く北海道で、〈蟬丸〉の上演が問題化する。宗家の宝生重英《しげふさ》をはじめとする北海道巡演中の宝生流一行は、小樽の大実業家である岡《おか》崎謙《ざきけん》の市内の別邸にある能楽堂で、七月二十八日に〈蟬丸〉を演じることになっていた。シテは、のちに「人間国宝」となる近藤乾三《こんどうけんぞう》。この上演に地元の右翼団体が物言いを付けた。

宝生流の機関誌『宝生』に掲載された巡演日記の七月二十九日の条には次のような記述がある。

蝉丸の演能について当市の国防団とやらが、どうのかうのと因縁をつけて来たが、幹事の大政氏が警察署まで出かけて行つて一蹴したのが昨日の事、今日はその腹癒せ、いやがらせに例の団員が駅の附近で先生一行の札幌行を待ちかまへてゐるから警戒を要するといふ注進。「此方が暴力団といつた方がよかアないか」と笑ひながら身長五尺七寸、体重二十一貫といふ家元、近藤両氏を中に、一行は散歩にでも出かけるやうな気軽さでホテルを出発、札幌への乗込みである。（『宝生』わんや書店、一九三四年九月号）

右翼団体からの物言いはあったが、〈蝉丸〉は、予定どおり演じられた。巡演日記の記述から見て、緊迫感は感じられない。

†天皇機関説問題との交錯と廃曲要請

しかし、このままでは済まなかった。昭和九年九月三十日には、東京水道橋の宝生能楽堂での能楽協会主催能で、観世銕之丞が〈蝉丸〉を演じることになっていたが、〈千手《せんじゅ》〉にさしかえになっていたのだ。

雑誌『謡曲界』の九月号（九月一日発行）に掲載された予定では、まだ〈蟬丸〉を演じることになっていた。雑誌の編集作業の進行状況から推測すると、おそらく「千手」へのさしかえは、八月中旬以降に慌ただしく決まったのだろう。時期からみて、小樽でのできごとが影響したのはまちがいない。

ちょうどこの年から、憲法学研究の第一人者で、勅選の貴族院議員でもあった東京帝国大学教授の美濃部達吉《みのべたつきち》の「天皇機関説」が、「不敬」だとして、右翼陣営からの糾弾が始まる。

「天皇機関説」は、天皇を国家の一機関として位置づけた立憲君主制にもとづく学説。大日本帝国憲法は、形式上は絶対君主制をとっていたが、明治には、すでに立憲君主制が憲法学の世界では定説だった。戦前の高級官僚の登用試験である「文官高等試験」でも美濃部の説が採用されており、美濃部は試験委員でもあった。

しかし昭和十年（一九三五）、美濃部は自説を糾弾され、貴族院議員を辞職することになる。その糾弾の中心となったのが、男爵で元陸軍中将の菊池武夫だ。菊池は、〈蟬丸〉を廃曲にするよう陳情した日本精神協会の会長でもあった。日本精神協会は、右翼思想家の森清人によって設立された団体で、〈蟬丸〉の事件以外に目立った活動は残しておらず、基本的には理論右翼の団体だったと考えられている。

〈蟬丸〉の問題は、その後も燻《くすぶ》りつづけた。

昭和十二年（一九三七）九月、北海道選出の貴族院議員である金子《かねこ》元三郎《もとさぶろう》から宝生重英の側近で、『宝生』の編集人でもある佐野巌《さのいわお》に一通の手紙が届いた。

手紙の内容は、家元へ〈蟬丸〉を廃曲にするよう迫るものだった。

金子は、実業家で多額納税の貴族院議員だった。小樽の宝生流の素人弟子の重鎮であり、小樽宝生会の会長も務めていた。

近藤乾三は、戦後の随筆のなかで、「徳川（家達）公爵は『蟬丸』がお好きでしたね。貴族院の謡会というと、じきに『蟬丸』をお出しになる。当時のお仲間で金子元三郎さん、この方は『蟬丸』がお嫌いなんです。徳川さんが金子さんのお顔を見い見い、この曲を出されましてね」（『能――わが生涯』）と回想していて、金子が〈蟬丸〉を毛嫌いしていたことがわかる。

結局、小樽での上演以降、終戦まで「蟬丸」は演じられることがなかった。

†〈大原御幸〉も標的

昭和十四年（一九三九）、〈蟬丸〉に続いて、こんどは〈大原御幸〉が槍玉に上がる。

五月十六日付の『東京朝日新聞』によると、十四日に牛込《うしごめ》区大曲《おおまがり》の観世舞台でワキ方の「福王流《ふくおうりゅう》相続披露能」が催され、〈大原御幸〉が演じられる予定になっていた。しかし、「皇族の御行動を写し奉つたものとの理由」で、警視庁から上演見合わせの勧告があった。結局、係官立ち会いを条件に、予定どおり演じられることになった。その後、警視庁は「同問題は影響するところ頗る大きいので」として、性急に問題を解決することを避け、ひとまず、十八日に警視庁と能楽界の代表とで打ち合わせの場を設けることになったと記されている。

〈大原御幸〉は、壇ノ浦の合戦で、愛児の安徳《あんとく》天皇を失いながらもわが身は助かり、京の大原で菩提を弔いながらひっそりと暮らす建礼門院徳子《けんれいもんいんとくこ》（平清盛《たいらのきよもり》の娘）のもとを後白河《ごしらかわ》法皇が訪ねるというものだ。たしかに、〈蟬丸〉と同様に、「皇族の御行動を写し奉つた」曲ではある。

〈大原御幸〉の問題が、〈蟬丸〉のときとは違うのは、少なくとも表面上は、外部からの申し入れなどがあったのではなく、警視庁がみずからの判断で動いたという点だ。しかし、上からの指示でもなければ、法的根拠があるわけでもない。数年のあいだに、急激に変化した時代の空気を読み、忖度《そんたく》した結果だった。

†自発的抹殺

十八日の警視庁と能楽界側との打ち合わせについては、十九日付の『東京朝日新聞』に記事が掲載されている。

記事によると、打ち合わせは、水道橋の宝生会事務所で開かれた。事件の当事者であり、宗家が能楽界で主導的な立場にあったことから宝生流中心で進められたからだ。能楽界からは、能楽会副会長の伯爵松平頼寿《よりなが》、宗家の宝生重英や喜多六平太が出席した。その結果は、「最終決定には到らず、今暫《しばら》く研究の時日を与へられ度《た》く警視庁に諒解を求める事になつた」。

しかし、その後、八月十二日付の『東京日日新聞』には「『大原御幸』問題解決　自発的に〝抹殺〟を回答」という見出しで、「十数回にわたつて慎重協議を行つた結果」として、「『大原御幸』を能楽から抹殺する」との能楽界側の回答に、警視庁は「『大原御幸』に類する他の十数番に対しても十分考慮するやう慫慂《しようよう》した」と、さらなる圧力をかけてきた。

これにたいし能楽界側はすぐに反応し、「緊急協議会では学界、能楽界の権威者の意見もいただいた上これらも素謡のみに限定して演能一切を絶対に禁止すると決議」し、上演自粛と謡本改訂へ向け具体的な作業に動き出した。十月一日には、水道橋の宝生能楽堂に、地質学者で能に造詣が深かった早稲田大学教授の徳永重康《とくながしげやす》、憲法学が専門で美濃部達吉の弟子でもある東京帝国大学教授の宮澤俊義《みやざわとしよし》、国文学者で早稲田大学教授の五十嵐力《いがらしちから》ら知識人が顔を揃え、初めての会議が開かれた。

その後も会議が重ねられ、そこで練られた案が、第一次改訂に向けての「改訂要項」となった。要項は、十一月十九日に宝生能楽堂で開かれた宗家会議で了承され、昭和十五年(一九四〇)四月十五日に発表された。さらに、積み残しになっていた課題を検討し、十二月十日には、第二次改訂が発表された。

年が明けたばかりの昭和十六年(一九四一)一月十日には、宗家らの連名で、三役(ワキ方・囃子方・狂言方)にたいしても、決定を遵守するよう通知が出された。

二度にわたる改訂で、多くの曲で皇室にかかわりのある言葉が削られたり、言い替えられたりすると同時に、〈采女《うねめ》〉〈国栖《くず》〉〈絃上〉〈殺生石《せっしょうせき》〉〈蟬丸〉〈定家〉〈鵺《ぬえ》〉〈大原御幸〉〈松山天狗《まつやまてんぐ》〉の九曲については「当分公開演能差控へのこと」とされた。

〈蟬丸〉が再び演じられたのは、昭和二十二年（一九四七）。このときのシテは、奇しくも、戦前最後に演じた近藤乾三だった。

むすびに

本書を脱稿するにあたり、出版の労を取っていただいた名物編集者・横山建城さんから、難問を突きつけられた。

横山さんは、立川談志が『現代落語論』のなかで、落語の将来を危惧して「いずれは能のようになってしまう」という意味のことを書いていると指摘し、それにたいする回答を求め、「むすびに」として、「業界への危機意識に満ちた『憂能の一文』を期待する」とした。

私に、これにたいする的確な文を書くような見識はないが、談志が言っていることには、能への誤解があるように思う。談志は、同書において、伝統芸能について「保護するだけでなく、それを大衆の中に生かさなければ意味がない」とも書いている。

しかし、私には、談志は、能の本質を理解していなかったのではないかと思える。他の芸能と同一線上で見ていることからくる誤解だ。

能は、落語に限らず、他の芸能とは比べようもない、異次元の芸能なのだ。世界的に見ても、唯一無二の芸能と言ってよいだろう。これは別に、能のほうが、高度な芸能だとか、高尚な芸能だと言っているわけではない。

能は、具象性を極限まで削ぎ落とし、抽象性の極致にある芸能だ。楽しみかたも特異で、見るというよりも「感じる芸能」と言ってもいいだろう。役者の発する気、見所に張り詰める緊張感、といった諸々を共有できなければ、退屈極まりない芸能なのだ。

演者は観客を意識せずに演じ、観客は、それをただ受け止めるだけ。けして演者のほうからは寄ってくることはないから、「不親切な芸能」とも言える。それでいて、名演であれば、舞台と見所の間に自然と一体感が生まれる。

そのような芸能だから、合う合わないが、はっきりしている。もし、どんな能を見ても退屈と感じるなら、それは感性が合わないということでしかない。おそらく、談志も、その一人だったのかもしれない。

このような能の本質は、歴史のなかで培われてきたものだ。

能は、世阿弥が足利義満と出会って以降、江戸時代に至るまで、武家によって経済的に支えられる。

その結果、前史である「翁」の神事性を受け継ぎながら、武家の精神・教養・美意識によって芸能として完成した。能は、役者と武家を代表する将軍・大名らとの「合作」とも言える。

明治維新によって武家社会が崩壊し、経済的な基盤を失った能は、消滅の危機に瀕したが、近代の市民社会に根を張ることにより、今日に至るまで、なんとか命脈を保ってきた。

しかし現在、能は、ふたたび厳しい状況に置かれている。市民社会のなかで構築された「素人弟子＝観客＝プチパトロン」という構造が、崩壊しようとしているからだ。この構造には、問題点もあったが、経済的に能を支えてきたことだけは確かだ。

では、いったい、どうしたらよいのか。

もし、能が、歌舞伎のように興行で命脈を保とうとし、観客である不特定多数の大衆の志向に合わせる道を歩んだとしたら、本質的な魅力は失われ、自己崩壊することは必至だ。

大蔵流狂言方・山本東次郎家の教えに、次のような言葉がある。

「乱れて盛んになるよりも、固く守りて滅びよ」

能のありかたとしては、これが正論だ。

しかし、みすみす滅びさせるのは惜しい。ただ観客の数を追うのではなく、能の本質を理解してくれる観客を着実に育ててゆくことこそ、能に残された道だろう。そういった観客を増やす一助に、本書がなることができれば幸いだ。

文末になってしまったが、横山さんとともに、その畏友であり、本書が世に出るにあたり多大なご尽力をいただいた筑摩書房の松田健さんにも、深く感謝したい。

参考文献

各章共通

表章・天野文雄『岩波講座 能・狂言Ⅰ 能楽の歴史』岩波書店、一九八七年

第一章

表章「多武峰の猿楽」、『大和猿楽史参究』岩波書店、二〇〇五年
小林静雄「多武峰様猿楽考」、『室町能楽記』檜書店、一九三五年
小林静雄「多武峰様猿楽追考」、『観世』檜書店、一九三六年
宮武鶴斉『春日若宮おん祭と猿楽』宮武左十郎、一九三九年
天野文雄「翁猿楽の成立と方堅――呪師芸の継承」、『中世文学』第三十号、中世文学、一九八五年五月
表章「観阿弥清次と結崎座」、『大和猿楽史参究』岩波書店、二〇〇五年
表章構成『別冊太陽 日本のこころ25 能』平凡社、一九七八年
塙保己一編、太田藤四郎補『続群書類従・補遺一 満済准后日記 下』続群書類従完成会、一九八九年
万里小路時房・東京大学史料編纂所編『建内記二』岩波書店、一九六七年
表章『大和猿楽史参究』岩波書店、二〇〇五年
藝能史研究曾編『日本芸能史 第2巻』法政大学出版局、一九八二年
藝能史研究曾編「貞和五年春日若宮臨時祭記」、『日本庶民文化史料集成 第2巻』三一書房、一九七四年

宮本圭造「呪師走りと「翁」――「翁」の成立をめぐる二、三の問題」、『日本文学誌要』法政大学国文学会、二〇一一年七月
松村博司校注『栄花物語』朝日新聞社、一九五八年
増補史料大成刊行会編『長秋記』臨川書店、一九六五年
林屋辰三郎校注「洛陽田楽記」、『古代中世芸術論』岩波書店、一九七三年
東京大学史料編纂所編纂『大日本古記録 中右記（三）』岩波書店、一九九九年
山下宏明校注『新潮日本古典集成 太平記一』新潮社、一九七七年
山下宏明校注『新潮日本古典集成 太平記四』新潮社、一九八五年
表章・加藤周一校注『世阿弥 禅竹』岩波書店、一九九五年
天野文雄「『良基消息詞』偽書説についての私見――世阿弥研究のために」『銕仙』五二〇、銕仙会、二〇〇四年一月
松岡心平「世阿弥と東大寺経弁」、『ZEAMI』01、森話社、二〇〇二年一月
外山英策「二條攝政良基の二條殿 押小路殿」、『室町時代庭園史』岩波書店、一九三四年／思文閣、一九七三年
小川剛生「良基と世阿弥――『良基消息詞』偽作説をめぐって」、『ZEAMI』03、森話社、二〇〇五年十月
小川剛生「世阿弥の少年期（上）――「不知記」（崇光院宸紀）を読み直す」、『観世』檜書店、二〇一三年四月号
小川剛生「世阿弥の少年期（下）――醍醐寺と新熊野社」、『観世』檜書店、二〇一三年五月号
東京大学史料編纂所編纂『大日本古記録 後愚昧記二』岩波書店、一九八四年

伊地知鐵男「東山御文庫本『不知記』を紹介して　中世の和歌・連歌・猿楽のことに及ぶ」、『国文学研究』35、早稲田大学国文学会、一九六七年三月
福田秀一「世阿弥と良基」、『藝能史研究』第十号、藝能史研究會、一九六五年七月
伊地知鐵男「世阿弥と二條良基と連歌と猿楽」、『観世』檜書店、一九六七年十月号
小川剛生『足利義満』中央公論新社、二〇一二年
百瀬今朝雄「二条良基書状――世阿弥の少年期を語る」、『立正史学』第六十四号、立正大学史学会、一九八八年四月
表章『観世流史参究』檜書店、二〇〇八年
天野文雄『現代能楽講義――能と狂言の魅力と歴史についての十講』大阪大学出版会、二〇〇四年
松岡心平「稚児としての世阿弥」、『宴の身体』岩波書店、一九九一年
天野文雄『世阿弥がいた場所』ぺりかん社、二〇〇七年
今泉淑夫『人物叢書　世阿弥』吉川弘文館、二〇〇九年
香西精「児姿幽玄」、『世子参究』わんや書店、一九七九年
世阿弥著・竹本幹夫訳注『風姿花伝・三道』角川学芸出版、二〇〇九年
吉田洛城「世子談儀の完本幷びに花伝書能作書習道書等の発見」、『能楽』六巻九号、能楽館、一九〇八年九月
佐藤和道「近代前期の芸能史研究――吉田東伍博士自筆ノートを中心に」、『演劇研究センター紀要　早稲田大学21世紀COEプログラム　演劇の総合的研究と演劇学の確立7』早稲田大学演劇博物館、二〇〇六年一月

第二章

高瀬哲郎『名護屋城跡』同成社、二〇〇八年
小和田哲男『豊臣秀吉』中央公論社、一九八五年
天野文雄『能に憑かれた権力者』講談社、一九九七年
小瀬甫庵著、檜谷昭彦・江本裕校注「太閤記」、『新日本古典文学大系60』岩波書店、一九九六年
中野等『文禄・慶長の役（戦争の日本史16）』吉川弘文館、二〇〇八年
西洞院時慶著・時慶記研究会編『時慶記』本願寺出版社・臨川書店、二〇〇一年
駒井勝重「駒井日記」、『改定 史籍集覧 第二十五冊』すみや書房、一九六九年
桑田忠親『太閤記の研究』徳間書店、一九六五年
元木泰雄・松薗斉編著『日記で読む日本中世史』ミネルヴァ書房、二〇一一年
西村聡「文禄三年の能楽事情と『太閤記』――〈高野参詣〉の上演をめぐる一考察」、『金沢大学歴史言語文化学系論集 言語・文学篇』金沢大学歴史言語文化学系紀要委員会編、二〇一〇年三月
小和田哲男『歴史文化ライブラリー274 北政所と淀殿 豊臣家を守ろうとした妻たち』吉川弘文館、二〇〇九年
桑田忠親『人物叢書 淀君』吉川弘文館、一九八五年
藤田達生『本能寺の変』講談社、二〇一九年
渡辺豊治『秋田県能楽謡曲史』秋田魁新報社、一九九二年
東京大学史料編纂所編纂『大日本古記録 梅津政景日記 第九巻』岩波書店、一九六六年
渡部景一『「梅津政景日記」読本 秋田藩家老の日記を読む』無明舎出版、一九九二年
天野文雄『現代能楽講義――能と狂言の魅力と歴史についての十講』大阪大学出版会、二〇〇四年

野々村戒三『能苑日渉』檜書店、一九三八年三月
原武男校訂『佐竹家譜 上』東洋書院、一九八九年
表章「演能所要時間の推移」、『日本文学誌要』第三十六号、法政大学国文学会、一九八七年
竹内理三編『増補 続史料大成 39 多聞院日記 二』臨川書店、一九七八年
塙保己一編、太田藤四郎補『続群書類従・補遺一 満済准后日記 下』続群書類従完成会、一九八九年

第三章

続群書類従完成会編『隆光僧正日記第二』続群書類従完成会、一九六九年
林述斎・成島司直他編『徳川實紀 第四編』経済雑誌社、一九〇四年
表章『喜多流の成立と展開』平凡社、一九九四年
梶井幸代・密田良二『金沢の能楽』北国出版社、一九七二年
林述斎・成島司直他編『徳川實紀 第五編』経済雑誌社、一九〇四年
児玉幸多他編『大名列伝 第7』人物往来社、一九六七年
大石慎三郎『講談社現代新書 将軍と側用人の政治』講談社、一九九五年
宮崎道生『人物叢書 新井白石』吉川弘文館、一九八九年
北島正元編『徳川将軍列伝』秋田書店、一九七四年
深井雅海『徳川将軍政治権力の研究』吉川弘文館、一九九一年
福留真紀『将軍と側近　室鳩巣の手紙を読む』新潮社、二〇一四年
松浦静山『甲子夜話 続篇3』平凡社、一九八〇年
今泉定介編・校訂「続藩翰譜」、『新井白石全集第二』吉川半七、一九〇五年

今泉定介編・校訂「折たく柴の記」、『新井白石全集第三』吉川半七、一九〇六年
続群書類従完成会編『新訂 寛政重修諸家譜 第二十二』続群書類従完成会、一九六六年
三田村鳶魚 校、山田清作 編『未刊随筆百種 第14 文廟外記』米山堂、一九二八年
桑原武夫編・訳「折りたく柴の記」、『日本の名著 15 新井白石』中央公論社、一九六九年
表章『喜多流の成立と展開』平凡社、一九九四年
吉田常吉『人物叢書 井伊直弼』吉川弘文館、一九六三年
彦根城博物館編『企画展 井伊直弼―その人と生涯―』彦根城博物館、一九九〇年
彦根市指定文化財：解説シート「彦根城表御殿能舞台」彦根市教育委員会文化財部文化財課、二〇一一年
山口宗之『井伊直弼――はたして剛毅果断の人か？』ぺりかん社、一九九四年
三宅襄編集『能』能楽協会雑誌部、一九四七年六月
三宅襄編集『能』能楽協会雑誌部、一九四九年三月
小山弘志編『岩波講座 能・狂言Ⅶ 狂言鑑賞案内』岩波書店、一九八七年
母利美和「彦根藩の能役者について」、『彦根城博物館研究紀要 第1号』彦根城博物館、一九八八年三月
母利美和『幕末維新の個性6 井伊直弼』吉川弘文館、二〇〇六年
彦根城博物館編『彦根藩井伊家と能楽』彦根城博物館、二〇二〇年
池内信嘉『能楽盛衰記 復刻・増補版 上巻江戸の能』東京創元社、一九九二年

第四章
池内信嘉編『能楽』能楽館、一九〇八年一月号
わんや書店編『弘化勧進能と宝生紫雪』わんや書店、一九四二年

天野文雄『現代能楽講義――能と狂言の魅力と歴史についての十講』大阪大学出版社、二〇〇四年
池内信嘉『復刻・増補版 能楽盛衰記 下巻東京の能』東京創元社、一九九二年
観世左近『能楽随想』河出書房、一九三九年
宮本圭造「幕末維新を迎えて能役者はどうなったか」、『能楽研究叢書6 近代日本の能楽』野上記念法政大学能楽研究所共同利用・共同研究拠点「能楽の国際・学際的研究拠点」、二〇一七年
斎藤月岑著、金子光晴校訂『増訂 武江年表2』平凡社、一九六八年
倉田喜弘編著『明治の能楽1』日本芸術文化振興会、一九九四年
梅若六郎・鳥越文藏監修、梅若実日記刊行会編『梅若実日記 第二巻』八木書店、二〇〇二年
梅若六郎・鳥越文藏監修、梅若実日記刊行会編『梅若実日記 第三巻』八木書店、二〇〇二年
橘敏夫『愛知大学綜合郷土研究所ブックレット22 藩札 江戸時代の紙幣と生活』あるむ、二〇一三年
古川久『明治能楽史序説』わんや書店、一九六九年
倉田喜弘編著『明治の能楽1』日本芸術文化振興会、一九九四年
大塚武松編『百官履歴 上巻』日本史籍協会、一九二七年
柳澤英樹『宝生九郎傳』わんや書店、一九四四年
宮内庁編『明治天皇紀 第三』吉川弘文館、一九六九年
宮内庁編『明治天皇紀 第五』吉川弘文館、一九七一年
宮内庁編『明治天皇紀 第六』吉川弘文館、一九七一年
久米邦武編、田中彰校註『特命全権大使 欧米回覧実記三』岩波書店、一九九六年
藝能史研究會編『日本芸能史 第7巻』法政大学出版局、一九九〇年
西山松之助『人物叢書 新装版 市川団十郎』吉川弘文館、一九八七年

西村聡「御用達宝生九郎の誕生――能楽「再興」期年譜考証の更新」、『金沢大学歴史言語文化学系論集 言語・文学篇』金沢大学歴史言語文化学系紀要委員会編、二〇一八年三月
三浦裕子「岩倉具視の能楽政策と坊城俊政――明治一〇年代を中心に」、『武蔵野大学能楽資料センター紀要』武蔵野大学能楽資料センター、二〇一二年三月
三浦裕子「久米邦武と能楽再興――岩倉具視を支えた博覧強記」、『武蔵野大学能楽資料センター紀要』武蔵野大学能楽資料センター、二〇一三年三月
梅若六郎・鳥越文藏監修、梅若実日記刊行会編『梅若実日記 第三巻』八木書店、二〇〇二年
加藤周一他編、田中彰校注「フルベッキより内々差出候書」、『日本近代思想体系 1開国』岩波書店、一九九一年
中野明『流出した日本美術の至宝』筑摩選書、二〇一八年
『能楽研究（能楽研究所紀要）』第二十二号、野上記念法政大学能楽研究所、一九九八年五月
野上豊一郎「西洋の能面」『能面論考』小山書店、一九四四年
表章・加藤周一校注『世阿弥 禅竹』岩波書店、一九九五年
野上記念法政大学能楽研究所編「叢伝抄」、『能楽資料集成6 下間少進集 Ⅲ』わんや書店、一九七六年
『芸術新潮』新潮社、一九九六年九月号
平尾道雄『人物叢書 山内容堂』吉川弘文館、一九六一年
三井文庫編『三井文庫別館蔵品図録 能面』三井文庫、一九八九年
コンスタンチン・アキンシャ／グリゴリイ・コズロフ『消えた略奪美術品』木原武一訳、新潮社、一九九七年
大谷節子「弘安元年銘翁面をめぐる考察――能面研究の射程」、『能面を科学する』勉誠出版、二〇一六年

東京美術倶楽部百年史編纂委員会編『美術商の百年　東京美術倶楽部百年史』東京美術倶楽部・東京美術商協同組合、二〇〇六年
『別冊太陽 海外へ流出した秘宝』平凡社、一九七七年
中村保雄『能面 美・形・用』河原書店、一九九六年
西野春雄「近代前期の新作謡曲――近代謡曲史稿」、『能楽研究』第九号、野上記念法政大学能楽研究所、一九八四年三月
西野春雄「新作能の百年（1）」、『能楽研究』第二十九号、野上記念法政大学能楽研究所、二〇〇五年五月
西野春雄「新作能の百年（2）」、『能楽研究』第三十号、野上記念法政大学能楽研究所、二〇〇六年六月
西野春雄「新作能の百年（3）」、『能楽研究』第四十二号、野上記念法政大学能楽研究所、二〇一八年三月
東谷櫻子「新作能「皇軍艦《みいくさぶね》」の諸問題」、『日本文学紀要』第二十八集、昭和女子大学、二〇一七年三月
中村雅之「戦時体制下における天皇制の変容――「蟬丸・大原御幸事件」と謡本改訂」、『能と狂言』第2号、能楽学会、二〇〇四年十月
『宝生』わんや書店、一九三四年九月号
近藤乾三『能――わが生涯』わんや書店、一九八〇年

能楽史年表

	西暦	年号	出来事
室町	一三四九	貞和五	春日若宮の臨時祭で、巫女が「猿楽の能」、禰宜が「田楽の能」を演じる。「能」の詳細な記録の初出。
	一三七五	永和元	結崎座の役者「観世（観阿弥）」の子・三郎（元清）、二条良基から「藤若」の幼名を与えられる。東山・新熊野神社で「今熊野猿楽」が催される。室町幕府三代将軍・足利義満、初の「猿楽の能」見物。初代観世大夫・観阿弥、義満の許しを得て、能役者として初めて「翁」を演じる。
	一三七八	永和四	義満、藤若を伴い、桟敷で祇園祭を見物。
	一三八四	至徳元	観阿弥、駿河・浅間神社で能を演じた直後に急死。五十二歳。三郎（元清）、二代観世大夫となる。
	一三九四	応永元	義満、将軍職を九歳の長男・義持に譲る。義持、四代将軍となる。
	一三九九	応永六	三郎（元清）、義満の全面的な支援を得て京・一条竹ヶ鼻で三日間にわたり「勧進能」を催す。
	一四〇〇	応永七	三郎（元清）、初の芸論『風姿花伝』の第三巻までを著す。その直後から「世阿弥」と号するようになる。
	一四〇八	応永十五	義満、死去。五十一歳。

室町		
一四一三	応永二十	田楽の増阿弥、大炊御門河原で、「勧進能」。これ以降、義持の支援で、十年にわたり、毎年、「勧進能」を催す。
一四二二	応永二十九	世阿弥、出家し、長男・十郎（元雅）が三代観世大夫となる（代数に数えない説も）。
一四二三	応永三十	義持、義量に将軍職を譲る。義量、五代将軍となる。
一四二五	応永三十二	義量、死去。義持、将軍の職務を代行。
一四二七	応永三十四	世阿弥の甥・三郎（元重）、で僧・義円（義満の子）の支援を受け、伏見稲荷周辺で「勧進能」を催す。
一四二八	正長元	義持が死去し、弟の義円が籤引きで、将軍に選ばれる。還俗して、六代将軍・義教となる。
一四二九	永亨元	世阿弥・十郎（元雅）親子、仙洞御所で能を演じる予定だったが、義教の命で中止。以後、幕府の催しで出番がなくなる。
一四三二	永亨四	十郎（元雅）、伊勢・安濃津で客死。
一四三三	永亨五	三郎（元重）、四代観世大夫となる。義教の支援を得て、糺河原で、三日間にわたり披露の「勧進能」を催す。
一四三四	永亨六	世阿弥、佐渡に流される。原因は不明。二年後、島で小謡曲舞集『金島集』を著した後の生涯は不明。
一四四一	嘉吉元	義教、守護大名・赤松満祐の屋敷で、三郎（元重）の能を見物中に暗殺される（「嘉吉の乱」）。
一四四二	嘉吉二	義教の長男・義勝、九歳で七代将軍となる。

室町	一四四三	嘉吉三	義勝、十歳で死去。在任わずか八か月。
	一四四六	文安三	田楽・本座、聖護院住心院で能を演じる。これを最後に「田楽の能」は急速に衰退、歴史から消えて行く。
	一四四九	文安六	義勝の弟・義成、八代将軍となる。
	一四五二	享徳元	興福寺の「薪猿楽」で、観世信光作の能「漢の高祖」が演じられる。信光作の初出。
	一四五三	享徳二	義成、「義政」に改名。義政、この頃から三郎（元重）を重用。義教の死去後、困窮していた観世座は復権。
	一四五八	長禄二	この頃、三郎（元重）、出家して「音阿弥」を名乗る。長男・又三郎（正盛）、五代観世大夫となる。
	一四六七	応仁元	音阿弥、六十歳で死去。「応仁の乱」勃発。これ以降、社会が混乱し、猿楽の役者たちも困窮する。
	一五三七	天文六	この頃から天文年間を通じ、石山本願寺で、盛んに能が催される。
	一五六〇	永禄三	興福寺の「薪猿楽」、役者が揃わず中止。これ以降、「春日若宮祭」と共に、秀吉の支援を受けるようになるまで三十年ほど低迷。
	一五七三	元亀四	十五代将軍・義昭、織田信長によって京から追放され、室町幕府滅びる。
	一五八二	天正十	信長、明智光秀、本能寺で討たれる（「本能寺の変」）。
	一五九一	天正十九	秀吉、奥羽平定を最後に天下統一。

時代	西暦	和暦	事項
安土桃山	一五九二	天正二十	秀吉、朝鮮出兵の兵站基地として築いた肥前名屋城へ赴く。道中で、開戦の報を聞く（「文禄の役」）。
	一五九三	文禄二	肥前名護屋城で、金春座系の役者・暮松新九郎を相手に能の稽古に熱中。戻ると御所で「禁中能」を催し、自ら演じる。
	一五九四	文禄三	秀吉、吉野で「吉野詣」、高野山で「高野参詣」を相次いで上演。十曲が作られたとされる「太閤能」の一部。
	一五九七	慶長二	秀吉、諸大名に大和四座の役者の支給する配当米を分担させる（「猿楽配当米」）。秀吉、朝鮮へ再出兵（「慶長の役」）。
	一五九八	慶長三	秀吉、死去。
	一六〇〇	慶長五	関ヶ原の合戦。
江戸	一六〇三	慶長八	徳川家康、将軍に任ぜられる（「江戸幕府開幕」）。二条城で、三日間にわたり将軍宣下祝賀能を催す。これ以降、祝賀能は慣例となる。
	一六〇五	慶長十	家康、将軍職を退き、駿府に隠居。三男・秀忠、二代将軍となる。
	一六一八	元和四	幕府、「猿楽配当米」の制度を踏襲。
	一六一九	元和五	この頃、秀忠に重用された北七大夫、新たな座の創設を認められる（座付きの三役を持たなかったため、「流」ともみなされた。二代以降は、「喜多」を名乗る）。実質的な「五座」体制の誕生。
	一六二三	元和九	秀忠、将軍職を退き隠居。次男・家光、三代将軍となる。
	一六三二	寛永九	秀忠、死去。

	江戸	
一六四一	寛永十八	この頃、江戸城の「表能（公式の能）では、「翁付五番立」の上演形式が確立する。
一六四八	正保三	大夫と三役の家元格の家に「習い事」についての書き上げを提出させる。
一六四九	正保四	能役者にたいし、技芸の錬磨、大夫の統制に従うこと、古法の遵守などを通達（「猿楽の徒への条約」）。統制の強化が進む。
一六五一	慶安四	家光、死去。長男・家綱、四代将軍となる。以降、上洛せず江戸城で、将軍宣下祝賀能を催す。
一六六八	寛文八	五座の役者の帯刀を禁じる（大夫や家元格の家は例外）。その後、諸藩の「お抱え役者」も適用され、幕末まで続く。能役者は、士分か否かの中途半端な立場に置かれる。
一六八〇	延宝八	家綱、死去。弟の綱吉、五代将軍となる。四日にわたり盛大な将軍宣下祝賀能を催す。
一六八三	天和三	観世座の小鼓方・観世新九郎、綱吉から宝生大夫の「道成寺」で打つよう命じられ断るが、怒りを買い追放処分を受ける。翌年、許されるが宝生座への転籍を命じられる。
一六八六	貞享三	喜多大夫・七太夫（宗能）と養子の十太夫、原因は定かではないが、綱吉から追放処分を受ける。翌年、許されるものの十太夫が喜多大夫となり、七太夫は士分となるよう命じられる。
一六九二	元禄五	加賀藩主、前田綱紀、綱吉の「宝生贔屓」に合わせ、宝生大夫・将監（友春）の次男・嘉内を江戸住まいの大夫として抱える。「加賀宝生」の礎を築く。

江戸		
一七〇九	宝永六	綱吉、死去。甥の家宣、六代将軍となる。
一七一〇	宝永七	役者上がりの間部詮房、五万石の城持大名にまで出世。
一七一二	正徳二	家宣、死去。
一七一三	正徳三	家宣の四男・家継、五歳で七代将軍となる。
一七一六	享保元	家継、夭折。紀州徳川家から吉宗が入り、八代将軍となる。
一七四五	延享二	吉宗、死去。長男・家重、九代将軍となる。
一七六〇	宝暦十	家重、死去。長男・家治、十代将軍となる。
一七八七	天明七	家治、死去。一橋家から家斉が入り、十一代将軍となる。
一八三七	天保八	家斉、死去。長男・家慶、十二代将軍となる。
一八四八	弘化五	宝生大夫・宝生弥五郎（友于）、筋違橋門外で、晴天十五日にわたり「一世一代勧進能を催す（「弘化勧進能」）。
一八五〇	嘉永三	井伊直弼、彦根藩十三代藩主となる。
一八五三	嘉永六	家慶、死去。四男・家定が十三代将軍となる。
一八五八	安政五	家定、死去。紀州徳川家から家茂が入り、十四代将軍となる。江戸城で、最後の将軍宣下祝賀能を催す。
一八六〇	万延元	大老・井伊直弼、暗殺される（「桜田門外の変」）。
一八六六	慶応二	家茂、死去。一橋家から慶喜が入り、十五代将軍となる。
一八六七	慶応三	「大政奉還」。慶喜、将軍職を辞任。「王政復古の大号令」。
一八六八	慶応四	「鳥羽伏見の戦い」で幕府軍敗北。江戸城、無血開城（江戸幕府崩壊）。江戸を「東京」と改称。「明治」に改元。

明治・大正・昭和

一八六九	明治二	「版籍奉還」。元観世大夫・清孝、徳川宗家に従い静岡へ移住。五年後に帰京。「廃藩置県」。
一八七一	明治四	
一八七六	明治九	明治天皇の岩倉具視邸行幸に際し、「天覧能」が催される。
一八七七	明治十	西南戦争勃発。
一八八一	明治十四	芝公園内に、能楽社の「芝能楽堂」が建設される。初の「能楽堂」。
一八九四	明治二十七	日清戦争開戦。
一九〇四	明治三十七	日露戦争開戦。
一九〇九	明治四十二	吉田東伍、「風姿花伝」を含む世阿弥の伝書を『世阿弥十六部集』を翻刻して刊行。
一九三一	昭和六	満州事変勃発。
一九三四	昭和九	右翼によって「蟬丸」が問題視される。この年を最後に戦後まで上演されず。
一九三五	昭和十	「天皇機関説」が国会で糾弾され、美濃部達吉、貴族院議員を辞職。
一九三六	昭和十一	金剛流宗家・金剛右京が死去し、坂戸座以来の芸系が断絶。弟子家で金剛姓を許されていた京都の金剛（野村）巌が宗家を継承。
一九三九	昭和十四	警視庁から「大原御幸」が、問題視され、能楽界は上演禁止を決議。
一九四〇	昭和十五	能楽界、謡本の改訂と一部の曲の上演自粛を決定。
一九四一	昭和十六	太平洋戦争開戦。
一九四五	昭和二十	太平洋戦争終戦。
一九四六	昭和二十一	梅若万三郎、能楽界で初の文化勲章受章。

一九五二	昭和二十七	法政大学能楽研究所設立。
一九五五	昭和三十	「人間国宝」制度整い、能楽界から、喜多六平太、川崎九淵、幸祥光が初認定。
一九八三	昭和五十八	国立能楽堂開場。
一九九六	平成八	横浜能楽堂開館。

人名索引

あ行

か行

さ行

た行

な行

は行

ま行

や行

ら行

わ行